MÉMOIRES
D'UN MAGNÉTISEUR.

AUGUSTE LASSAIGNE

La Prestidigitation est la magie simulée,
Le Magnétisme est la magie réalisée.

(Auguste Lassaigne)

Lith. Napoléon Chaix et Cie r. Bergère, 20, à Paris.

PRUDENCE BERNARD

Lith. Napoléon Chaix et Cie r. Bergère, 20, à Paris.

MÉMOIRES

D'UN

MAGNÉTISEUR

CONTENANT

LA BIOGRAPHIE DE LA SOMNAMBULE

Prudence Bernard

Par AUGUSTE LASSAIGNE,

PRÉCÉDÉS D'UNE

INTRODUCTION SUR LA MAGIE MAGNÉTIQUE

PAR HENRI DELAAGE.

ORNÉ DE DEUX BEAUX PORTRAITS DE PRUDENCE BERNARD ET D'AUGUSTE LASSAIGNE.

Je fais connaître à tous la route que j'ai suivie pour obtenir une puissance magnétique capable de produire chez les somnambules des phénomènes de lucidité d'une réussite constante.

LASSAIGNE.

SALON LASSAIGNE.
GERMER BAILLIÈRE, LIBRAIRE-ÉDITEUR,
17, RUE DE L'ÉCOLE DE MÉDECINE;
DENTU, GALERIE D'ORLÉANS, PALAIS NATIONAL;
et chez les principaux libraires.

1851.

IMPRIMERIE CENTRALE DE NAPOLÉON CHAIX ET Cie, RUE BERGÈRE, 20.

A L'ACADÉMIE DES SCIENCES
DE PARIS.

MESSIEURS,

Je vous dédie ce livre, non dans un esprit d'ironique hostilité, mais, au contraire, dans l'intention de donner pour base à la science magnétique votre patiente érudition. J'ai déjà présenté ma somnambule Prudence à l'Académie de Milan, et devant cette assemblée illustre par ses découvertes et ses études, j'ai opéré des phénomènes qui ont porté la conviction dans tous les esprits; aujourd'hui, c'est à l'Académie de Paris que, fort de la loyauté de ma conscience, je viens demander la faveur de son attention, persuadé qu'à partir du jour où j'aurai porté la croyance en son cœur, le monde scientifique converti ouvrira ses portes à la science magnétique, à la propagation de laquelle j'ai résolu de consacrer ma vie entière.

INTRODUCTION

La Magie magnétique.

Quand la vérité siège sur un tréteau, elle le transfigure en un autel.

Fils puni de ces époques sans foi où les hommes, le visage sombre, l'œil fixé sur la terre, errent çà et là sans souci de leurs destinées immortelles, j'ai senti en mon âme le mal infini du doute. Blessé d'une vie que l'esprit de ce siècle vénal avait faite sans idéal, j'ai demandé la lumière aux sciences occultes ; tête baissée, je me suis précipité dans ce gouffre béant pour y trouver le baume de l'espérance, et j'y ai trouvé la foi ardente de l'apôtre, non en des chimères, mais aux dogmes éternels du christianisme, astres aux splendeurs lumineuses qui répandent leur divines lumières sur les plus mystérieux ressorts de la nature, de l'homme du monde et de Dieu. Le front rayonnant d'une félicité conquise pour toujours, j'ai senti en mon sang le besoin d'épancher sa vie jeune et passionnée ; en tout mon être, le désir de se consacrer à la propagation de ces vérités, qui seules peuvent faire un peuple grand, croyant et heureux. Le magnétisme, cette magie de Dieu, était la seule base où je pouvais appuyer mon enseignement. Malheureusement, cette science, qui seule peut rallumer la foi en l'âme des générations et relever les fronts noblement vers le ciel, était niée par le monde des savants. Quelques esprits supérieurs, quelques hommes osaient seuls s'en déclarer les adeptes. Parmi ceux-là était Lassaigne, magnétiseur qui, à une extrême fermeté d'âme, joignait cette organisation généreuse et cette intrépidité de tempérament qui font les hommes d'action. La Providence lui fit rencontrer en Prudence, sa femme, nature d'une sensitivité exquise, une somnambule dont la lucidité surnaturelle devait, sous son action, porter la croyance dans tous les cœurs, et conduire à la vérité, par le magnétisme, les esprits qu'en avait éloignés une philosophie impie. Dieu, dans les impénétrables desseins de sa bonté, cacha sa main puissante sous les doigts roses d'une frêle main de femme, pour ramener à lui les hommes perdus dans la voie ténébreuse du doute.

Animé d'une conviction capable de lui faire braver en face les préjugés du monde et terrasser les erreurs de l'incroyance moderne, par la puissance la plus invincible, celle du fait, Lassaigne, au lieu de faire des cours de magnétisme, résolut de tailler pour ainsi dire dans cette science un spectacle aussi séduisant pour l'œil qu'instructif pour l'intelligence. Il produisit sa somnambule Prudence sur les planches d'un théâtre. Aussitôt les esprits arriérés des vieux adeptes de crier à la profanation, et de lancer pour ainsi dire leur anathème inerte contre le jeune expérimentateur. Car leur intelligence bornée ne comprenait pas que lorsque la vérité vient siéger sur les planches d'un tréteau, elle le transforme soudain en un autel. Pour nous, nous avouons franchement que Lassaigne, par ces expériences publiques, a excité les intelligences et sondé les mystères de cette science nouvelle. Les femmes surtout, douées d'une organisation plus ardente et plus avide d'inconnu que celle des hommes, pressentant que le magnétisme était la clef magique du monde surnaturel, où l'œil de l'intelligence, toujours avide de clartés nouvelles, devait se plonger avec délice; les femmes, au sortir d'une séance achetaient, dans leur enthousiasme, les ouvrages écrit sur cette attachante matière. Aussi la reconnaissance nous oblige-t-elle à remercier sincèrement Lassaigne et sa merveilleuse somnambule de la vogue qu'ils ont donnée à nos écrits; car, l'an dernier, le succès de nos ouvrages suivait leur marche triomphale à travers les villes de l'Italie, enthousiasmée de leurs miraculeuses expériences, si consolantes pour des âmes qui sont restées fidèlement attachées aux dogmes éternels de la religion du Christ. Cet article suffira pour dévoiler à tous les hommes sérieux les causes des grandes lois du monde et jeter dans les âmes les croyances à une vie future. La tâche semble au premier aspect impossible ; mais, aidé de nos études précédentes, inspiré par l'intuition surnaturelle de la somnambule Prudence, j'espère ne déposer la plume qu'après avoir laissé une conviction dans les intelligences, une espérance dans les cœurs, et avoir démontré amplement à tous qu'il faut un esprit infiniment plus étendu, plus profond, plus capable, pour être croyant que pour être incroyant.

La magie, suivant les auteurs les plus versés en cet art, est la science des attractions. Après que l'école philosophique du XIXe siècle eut versé sur les phénomènes du monde surnaturel la négation infertile, les hommes eurent honte de croire à la magie. Mais comme les attractions sont un fait patent, et que tout fait demande un nom, ils transformèrent ce nom de magie en celui de magnétisme. Lorsque l'on présente à une aiguille d'acier une tige de fer aimantée, on la voit s'élancer vers elle, avide d'y adhérer. Quand l'on porte, par le temps calme d'une nuit tranquille, son regard vers la voûte d'azur du firmament, et que l'on y aperçoit les globes d'or des astres rouler, avec une harmonieuse majesté, leur course splendide au dessus de la terre, l'esprit se demande quelle est la source de ces magnifiques phénomènes, et la science lui répond : attraction magnétique. Quel nom donner à cette puissance que Dieu a mise dans le regard du chien pour faciner la perdrix et la tenir en arrêt ; à cette force qui attire fatalement le petit oiseau mollement pelotonné dans le duvet soyeux de ses plumes, en la gueule venimeuse du serpent? Nous n'en trouvons qu'un dans le langage moderne: Magnétisme. Il a dans dans le timbre de voix d'une femme, dans la lumière languide de son regard, dans le sourire qui entr'ouvre gracieusement ses lèvres rosées, une puissance attractive et charmeresse qui ravit l'homme, l'attire tendrement dans ses bras, contre son cœur et sur ses lèvres. Pour le vulgaire, c'est de l'amour ; mais l'amour est encore du magnétisme. Enfin, il y a un mot qui est sur toutes les lèvres des hommes de ce siècle, le mot *fraternité ;* c'est par la puissance attractive d'un magnétisme divin qu'il est seulement possible de concevoir la société changée en une famille de frères, n'ayant sur la terre qu'un même cœur, une même âme, un même sang, et au ciel qu'un même père qui est Dieu.

Le magnétisme est non seulement la science des attractions, il est encore la science des prévisions intuitives ou la science des prophéties. Ainsi, quelques passes faites devant les yeux et sur le front d'une femme somnambule suffiront pour la transfigurer en un être nouveau qui, parti sur l'aile de votre volonté, parcourra avec une rapidité prodigieuse tous les pays du monde qu'il vous plaira de lui faire visiter, et, non contente d'embrasser l'univers entier d'un regard, elle remontera le cours des âges et vous racontera avec une effrayante précision de détails tous les faits dont votre mémoire aura évoqué le souvenir passé! Le monde parcouru, le passé ranimé, l'avenir dévoilé, l'éternité sondée jusque dans ses plus merveilleux replis, voilà les phénomènes que l'intuition d'une somnambule lucide a souvent réalisés sous nos yeux émerveillés. En présence de ces faits de l'ordre miraculeux, l'esprit demeure confondu, la raison humiliée. Mais l'espérance vient visiter l'âme de l'homme qui souffre et lutte, car c'est de ces merveilleux phénomènes que nous allons tirer les preuves les plus irrécusables de l'immortalité de l'âme. Que suis-je? Où suis-je? Où vais-je? Mots terribles qui se dressent à chaque instant devant l'esprit de l'homme et qui résument à eux seuls le problème de ces destinées. Ennuyé des démonstrations fatigantes d'une métaphysique obscure, le XIXe siècle avait renoncé à en chercher la solution, quand le somnambulisme magnétique est venu jeter les clartés de son brillant fanal sur les mystères de l'organisation humaine ; en sorte qu'expliquer le magnétisme, c'est apprendre à l'homme à se connaître.

La faculté somnambulique peut se subdiviser en deux ordres de phénomènes : les phénomènes intuitifs et les phénomènes sensitifs. L'intuition est ce que l'on nomme ordinairement la seconde vue ; car, dans cet état, la somnambule pénètre à travers les corps opaques, voit à distance et dans le passé, dans le présent, dans l'avenir. Ces phénomènes sont miraculeux, mais ils ne nous semblent incroyables que parce que la philosophie sceptique du siècle nous a faits incroyants. Pour nous rendre compte de ce merveilleux prodige, il nous suffira de décomposer l'homme suivant les principes de la tradition et de l'étudier suivant les lois de la sagesse éternelle. Il y a en chaque homme un être immatériel, infini, invisible, nommé âme, uni par un fluide subtil à une substance matérielle nommée corps, être fini, extérieur dégradé et animalisé. De là deux sortes d'actions en l'homme : les unes finies, opérées par le corps fini, et les autres infinies, opérées par l'âme infinie. Le fluide magnétique est une émanation de l'essence, un lien entre le corps et l'âme, c'est la vie. Magnétiser, c'est donc faire rayonner son essence fluidique et la diriger par la volonté sur la partie de l'individu où l'on désire porter la force, le mouvement et la vie. Quand c'est l'âme que le magnétiseur désire éveiller à la vie, il produit une désorganisation dite somnambulisme qui transporte pour ainsi dire les fonctions de la vie du corps à l'âme ; en cet état, ce n'est plus le corps qui voit, qui entend, mais l'âme créée à l'image de Dieu. Le magnétiseur a dirigé sur sa somnambule son œil chargé de sommeil et approché de son front sa main rayonnante d'une puissance mystérieuse, et soudain ses membres s'engourdissent, la vie s'éteint dans ses sens, le corps se sent envahir par un sommeil profond, factice, irrésistible. La domination de la chair étant suspendue, il dégage l'âme des sens, la galvanise à l'aide de son électricité magnétique et ouvre ses yeux à la lumière. Cela fait, le magnétiseur annonce au public que son sujet dort du sommeil somnambulique, c'est-à-dire que, par une transposition surnaturelle, tandis que les yeux du corps, à vue finie et bornée, sont fermés, les yeux de l'être intérieur ou de l'âme, à vue infinie et illimitée, se trouvent ouverts. La somnambule, qui, en cet état, se trouve momentanément morte selon son corps et vivante selon son âme, va pouvoir entrer en rapport avec le monde extérieur sans le ministère des sens, ces organes grossiers qui sont nécessairement bornés comme tout ce qui est matière. Son âme, dégagée de sa prison charnelle, entrera en communion directement et sans un seul intermédiaire avec la nature, avec les objets extérieurs, avec les idées intimes de l'homme. Aussi, pour la somnambule, il n'y a plus de distance de temps et d'espace; elle peut voir dans les ténèbres, au travers des corps les plus opaques, car son âme, principe immatériel, éthéré, universel, transperce les obstacles matériels avec plus de facilité que les rayons du soleil ne pénètrent le plus pur cristal.

Les esprits les moins croyants, que les démonstrations

de la philosophie ont laissés dans le doute en présence de ces phénomènes, demeurent anéantis. Mais bientôt la lumière de Dieu les éclaire, ils croient à l'Éternel. Ils ont trouvé dans ce spectacle un enseignement profond ; ils comprennent que l'état de somnambulisme, où l'âme qui veille échappe à l'empire du corps qui dort, n'est qu'une image de l'état de résurrection où l'âme vivante quitte le corps mort et paraît devant Dieu !!!

La seconde faculté des somnambules est la sensitivité, et je crois pouvoir annoncer que les miracles de la sensitivité sont encore plus concluants que ceux de l'intuition. Dans les phénomènes de sensitivité il y a une si complète identification entre la somnambule et son magnétiseur que ce n'est plus elle qui vit, mais son magnétiseur qui vit en elle par son fluide. La somnambule voit avec les yeux de son magnétiseur, pense avec son cerveau, entend avec ses oreilles, enfin, souffre en toutes les parties de son magnétiseur que l'on blesse. Ainsi nous avons vu Lassaigne se faire piquer, et aussitôt sa somnambule porter, avec une expression de douleur et de mécontentement, la main à l'endroit de son bras correspondant directement avec celui qui venait d'être piqué chez son magnétiseur. La sensitivité est infiniment moins variable que l'intuition : aussi ces phénomènes sont-ils bien plus du goût du public. Lassaigne peut tromper, au gré des assistants, les sens de sa somnambule ; la faire croire qu'elle marche sur des charbons ardents, qu'elle s'est battue en duel et qu'elle a été blessée, ou qu'elle est emportée dans une voiture sur la pente d'un précipice ; et sur sa physionomie, dans l'expression de ses gestes, dans la vérité de son récit, on voit qu'elle croit sincèrement être actrice dans le drame évoqué par l'imagination ou la mémoire des spectateurs ; il peut illusionner son goût par de fausses perceptions, changer, au gré des assistants, de l'eau en vin et lui faire éprouver les mêmes effets que si elle avait réellement pris cette boisson. Jamais somnambule n'a reproduit les différents types de la statuaire avec une plus exacte vérité d'attitude, d'expression et d'inspiration, que la somnambule Prudence, qui, déjà depuis plusieurs années, lutte au premier rang parmi les somnambules pour jeter à bas tous les obstacles qui se dressent entre l'intelligence et la vérité. Cette campagne que nous tentons dans le monde des idées au profit des croyances, à l'aide du magnétisme, Lassaigne et Prudence le tentent avec un succès persévérant dans le monde des faits. Je leur dis donc en finissant : soldats d'une même cause, fils d'une même vérité, courage, nous vaincrons!... car Dieu combat pour nous. La France au moyen âge a été sauvée par une femme, une extatique, une somnambule, Jeanne d'Arc ; la France, au XIXe siècle, sera ramenée à la foi par une femme, une extatique, une somnambule : Prudence.

Le règne de la vérité est proche ; un jour soulèvera la pierre du sépulcre où l'avaient renfermée l'incroyance et l'impiété ; elle se montrera à toutes les âmes dans sa splendide nudité, et, ivres de bonheur, les générations tressailliront d'allégresse en disant : Elle est ressuscitée !

HENRI DELAAGE.

MÉMOIRES

D'UN

MAGNÉTISEUR

> Je fais connaître à tous la route que j'ai suivie pour obtenir une puissance magnétique capable de produire chez les somnambules des phénomènes de lucidité d'une réussite constante.
>
> LASSAIGNE.

Mes premières années jusqu'à mes débuts dans la carrière magnétique.

La science magnétique est encore à faire : aussi tout homme qui lui a consacré ses forces, sa vitalité, et qui a eu le bonheur d'y réussir, doit confier au public les procédés à l'aide desquels il y a obtenu un succès réel, afin de tracer une route à tous les hommes où ils puissent le suivre et arriver à reproduire en leur particulier les phénomènes qu'il a produits devant eux. En prestidigitation, on cache les ficelles; en magnétisme, au contraire, on divulgue les moyens; car la lumière, dans ce siècle de publicité, ne doit plus être la propriété exclusive de quelques hommes. Plus le nombre des magnétiseurs sera considérable, plus cette science sera honorée. surtout si elle recrute ses adhérents parmi les intelligences de progrès, de travail et surtout de conviction ardente. Je crois avoir fait faire au magnétisme un grand pas en lui donnant le pouvoir d'affronter la foule d'un public incrédule et de se produire avec un succès toujours triomphant en sa présence. Ma vie, mes efforts et ceux de mes somnambules, racontés sans arrière-pensée, sans déguisement, montreront que pour réussir dans cette nouvelle science, il suffit d'une initiation préalable qui vous mette en état de pouvoir vous présenter avec un empire de volonté, une influence de puissance nerveuse, que n'intimide ni l'incroyance qui nie, ni la raillerie qui rit. Quand on est possesseur d'une vérité utile, la garder pour soi, voilà le propre de l'égoïsme; en faire part à tous en les appelant à vous imiter, en leur en confiant les moyens, en leur en dévoilant les possibilités pratiques, voilà, au contraire, le propre de l'homme qui est résolu à être le soldat d'une croyance, le propagateur d'une vérité. Cela posé, je raconterai simplement, sans ornementation fastueuse, les difficultés vaincues, les obstacles surmontés, les empêchements terrassés, et j'espère éviter à mes lecteurs les écueils où jusqu'ici les magnétiseurs ont échoué. Quoique mon but soit simplement de raconter des faits, comme le récit pourrait souvent en être aride, je les ferai suivre d'un commentaire explicatif qui, en en faisant connaître les causes, mette à même d'en diriger les effets. Ainsi, je suis fortement résolu à faire pénétrer dans les mystères les plus impénétrables de la science des Cagliostro, des Mesmer, des Puységur, afin que tous puissent facilement se rendre compte de tout ce qui constitue l'essence de ces connaissances qui joignent au merveilleux l'attrait de l'inconnu.

Ce livre aura l'intérêt du roman, la philosophie de la croyance et la poésie qui existe dans tout ce qui touche à la féerie réalisée; car les contes de fées qui amusent les premières années de l'enfance sont égalés par les exriences phénoménales d'une science vraie que les praticiens modernes ont nommée science magnétique.

Je suis né à Toulouse, en 1819, d'une famille peu fortuné. Jusqu'à l'âge de douze ans j'allai à l'école des Frères ignorantins. Ces pieux instituteurs m'apprirent à lire, à écrire, me donnèrent quelques notions de mathématique et de catéchisme. Cette dernière science est indispensable pour se rendre compte des opérations du monde surnaturel, vers lequel je tendais déjà par une inclination d'esprit irrésistible.

Mes parents me mirent chez un tailleur ; mais l'impétuosité bouillante de ma nature de feu, qui me portait au mouvement, me rendait plus qu'impropre à passer de longues heures, les jambes croisées, celé à un établi : aussi le sang s'ennuyant dans mes veines, après dix-huit mois de lutte, m'engagea à déclarer à ma famille qu'il m'était impossible d'endurer davantage le fastidieux martyre d'une tranquillité forcée. Voyant ma résolution inébranlable, ils me mirent dans une fabrique d'imprimés sur indienne. Ce nouvel état me plut davantage ; j'employais le temps de mes loisirs à lire le récit merveilleux des livres fantastiques, tels que les *Mille et une Nuit*. Mais ces lectures, au lieu de calmer en moi cette avidité pour l'inconnu, le prodigieux, le surnaturel, développèrent au contraire cette passion à un tel point que j'allai trouver le célèbre physicien Casimir Belmas, lui demandant, en échange de mes économies, de m'apprendre ses tours. En peu de temps, je possédai la science d'un maître habile, et j'étais en état de simuler les prodiges de la magie à l'aide de la prestidigitation, en attendant le jour où le magnétisme devait me permettre de les réaliser.

Le désir de voyager me fit partir, sac au dos, bâton

de voyageur à la main, avec quatre camarades, pour Nîmes. Là, l'ouvrage étant venu à manquer, le chef de la fabrique déclara qu'il ne lui était plus possible de garder que les ouvriers mariés ; les autres furent obligés d'aller travailler au chemin de fer. Pour moi, ce labeur était trop pénible.

Je fus trouver un ferblantier qui me construisit des pièces de mécanique destinées à la prestidigitation. Avec ces pièces, j'obtins un très-beau succès dans les premières maisons de la ville et dans les cercles. De là, je parcourus les villes du Midi, et j'acquis de la réputation dans la nouvelle carrière que je venais d'embrasser. Enfin, après trois ans d'une vie errante, je revins dans ma famille, qui ignorait complétement la nouvelle profession que j'avais embrassée, et que j'avais négligé, très-volontairement, de lui faire connaître.

Il y a un mot de l'Evangile qui dit que : « Nul n'est prophète en son pays. » J'ajouterai : que nul n'est prophète dans sa famille. Les premiers obstacles que l'on rencontre pour avancer viennent des siens, qui vous méconnaissent souvent jusqu'au jour où ils peuvent se parer de votre parenté avec gloire. Ma mère, quand elle eut appris ma nouvelle profession, ne me fit pas de reproches, mais elle pleura. J'étais cuirassé contre toutes les oppositions, je ne l'étais pas contre les larmes de ma mère. Je suivis ses conseils et je rentrai à la fabrique.

Il y a dans les yeux mouillés de pleurs d'une mère aimée, une puissance irrésistible qui dompte les natures les plus intraitables. Me montrer fort contre une faible femme qui n'a pour arme que sa tendresse affligée, me fut impossible, et je pris la résolution de renoncer à l'enivrant plaisir des applaudissements.

Dans cette fabrique, où m'avait ramené l'amour que je portais à ma mère, je me vis en butte à une foule de persécutions. Pour les faire cesser, je provoquai le plus acharné de tous, je le terrassai en un instant. Ce fut la première fois que je vis qu'en moi résidait une force toute-puissante, force qui, plus tard, me devint très-utile dans mes expériences magnétiques.

J'offris à la direction de donner quelques représentations de physique amusante sur le théâtre; on me refusa sous prétexte que le dernier physicien s'était fait huer. A cette époque, l'administration théâtrale possédait un homme nommé Grandel, dont la reconnaissance a gravé le nom en lettres ineffaçables dans mon souvenir et dans mon cœur. Cet homme, très-aimé du public toulousain, venait souvent dans ma famille, avec laquelle il était très-lié. Je fis en sa présence quelques expériences de prestidigitation qui me valurent ses encouragements et son intérêt. Un matin, le caissier du théâtre arrive chez moi et me dit : Pouvez-vous venir donner des représentations sur la scène? Je lui demandai quelques jours pour mettre en ordre les différentes pièces de mon cabinet; il insista pour que ce fût le lendemain. J'acceptai. Le soir, j'étais affiché au contrôle. Le lendemain, la salle et les corridors étaient combles. J'entre en scène, et, en quelques mots, je sollicitai l'indulgence du public pour un jeune homme leur compatriote. A chaque expérience que je présentais, j'étais accueilli par des salves d'applaudissements. Après le spectacle, les jeunes gens de la ville vinrent me complimenter. Mais, de tous les encouragements, celui qui me fit le plus de plaisir fut celui de ma mère qui avait assisté dans une loge à la première représentation, et qui, en voyant le succès de son fils, n'avait pu retenir ses larmes de joie.

Je donnai cinq représentations sur le théâtre de la ville, et les recettes, qui s'élevèrent chaque fois à plus de 1,800 fr., empêchèrent la direction de faire faillite.

J'avais enfin conquis par mes succès le droit de faire de la physique, de la mécanique, et de suivre la vocation qui me portait vers l'art et le merveilleux. Je pris la salle philharmonique, dans laquelle tout l'élite du peuple toulousain voulut venir applaudir un enfant de leur ville. Je me remis en marche, et je m'arrêtai à Bazas, où je fis la connaissance de Prudence. Pour tout homme qui s'est occupé de magnétisme, qui y croit, et qui s'en fait l'apôtre, il doit, en rappelant ses souvenirs, reconnaître que, dans sa jeunesse, il a été altéré d'une soif immense d'inconnu, tourmenté par le besoin de mouvement, et qu'il a senti en ses veines un feu ardent qui le consumait ; car ce feu, c'est la lumière magnétique que chaque homme possède en ses membres, c'est la source du mouvement ou la passion de la vie. Il y a bien quelques natures qui sont privées de ce feu sacré ; elles peuvent être assurées d'une médiocrité continue dans toutes les circonstances de leur passage sur la terre : ce sont des cadavres qui veulent se faire passer pour vivants.

II.

Enfance de Prudence ; elle devient somnambule naturelle.

Nous avons promis à nos lecteurs la biographie longue, fidèle et détaillée de Prudence Bernard ; nous tiendrons notre promesse, désireux de jeter de nouvelles lumières sur l'organisation humaine en étudiant cette femme, surnaturelle dès sa plus tendre jeunesse. Prudence Bernard est originaire de Genève, fille de Daniel Bernard, de Genève, et de Marie Vallon, de la même ville. Ses parents allèrent habiter la France aux environs de Bordeaux, et dès l'âge le plus tendre Prudence fut mise en pension à la Réole, couvent des dames de la Réunion. Singulière bizarrerie du destin ! Au lieu d'être élevés par les mains des industriels enseignants, tous les deux nous sommes élevés par l'esprit évangélique, vêtus de la bure noire du frère ignorantin et de la sœur religieuse. Ce premier moule de l'éducation laisse à l'esprit une forme particulière qui le porte à s'élever au-dessus des intérêts matériels, jusqu'à la contemplation des vérités éternelles.

Mais à l'âge de dix ans, une singulière maladie, ou mieux une sublime disposition héréditaire la fit somnambule naturelle : toutes les nuits on voyait, vers les deux heures, une jeune fille se vêtir, et, glissant dans l'obscurité comme une ombre, descendre sans lumière, ouvrir les portes, les refermer et aller s'asseoir devant son pupitre, prendre sa plume, composer ses devoirs sans faute, puis reprendre la route de son lit et retourner s'y coucher. Les premières nuits, ses maîtresses la suivirent avec intérêt et jouirent même de sa surprise en voyant le matin ses devoirs terminés ; cependant, comme le blanc fantôme qui rasait légèrement le plancher de ses petits pieds effrayait horriblement ses compagnes, elles déclarèrent ne plus vouloir dormir dans le même dortoir que la pauvre Prudence ; on lui signifia qu'elle eût à ne plus se lever la nuit. Elle promit d'être bien sage ; mais, la nuit suivante, elle se leva, et ayant je ne sais quel pressentiment qu'elle était suivie, elle prit les toits pour lieu de sa promenade. Les religieuses n'eurent garde de l'y suivre ; mais le lendemain on rassembla un conseil composé des sœurs, des médecins et de l'aumônier. Les sœurs opinèrent pour qu'on la punît sévèrement, le médecin pour qu'on lui fît prendre des bains d'eau froide, l'aumônier pour qu'on l'enfermât à double tour. Le jour suivant, la pauvre enfant, accusée d'une faute dont elle n'avait même pas la souvenance, fut mise au pain sec, plongée dans une baignoire d'eau glacée, enfin enfermée le soir dans une chambre. La nuit fut terrible pour la maison ; on entendit des cris sourds, puis des grattements d'ongles sur les murs, partant de l'endroit où, suivant l'ordre de l'aumônier, on avait enfermé la jeune somnambule. Le lendemain matin, la supérieure ouvre la porte. O stupeur ! plus de papier à la muraille: Prudence avait déchiré le papier du haut jusqu'en bas, et avait jonché de ses lambeaux le plancher. Elle eut beau soutenir que ce n'était pas elle, on lui signifia qu'elle eût à se rendre immédiatement à la lingerie pour y faire son paquet; puis on écrivit à ses parents que, malgré les bonnes qualités de son cœur et ses rares dispositions d'intelligence, il était impossible de la garder plus longtemps dans une maison d'éducation où elle répandait le désordre. Mais avant de poursuivre le cours de l'histoire de Prudence, que notre lecteur nous permette de lui expliquer les causes de la singulière maladie dont Prudence se trouvait affectée. Shakespeare, le plus grand génie dramatique de l'Angleterre, qui, mieux que personne, connaissait les plus intimes ressorts de la mystérieuse organisation de l'être humain, et qui, dans ses pièces, faisait toujours intervenir le merveilleux comme source de ces épouvantements terrifiants qui émeuvent et font frissonner tous les nerfs des assistants avides d'un dénouement à la situation où les a jetés les acteurs avec lesquels ils se sont insensiblement identifiés; Shakespeare, dans *Macbeth,* a mis en scène le somnambulisme, et avec l'œil profond du génie, l'a expliqué en disant que l'état somnambulique était un état où l'âme faisait les fonctions du corps endormi. En Allemagne, un poëte à l'âme tendre, aux aspirations éthérées, a tracé dans la *Visionnaire de Prevors* l'histoire d'une jeune extatique féconde en analogie avec celle de Prudence, et l'explication qu'il donne de ce phénomène est réellement la même que celle du grand tragique anglais. Seulement ces phénomènes, chez Prudence, ne sont ni du drame, ni du roman, mais des faits patents que nous donnons au public comme un salutaire enseignement.

Seulement, tandis que le merveilleux fictif réussit presque toujours au théâtre, le merveilleux réel y échoue habituellement. Si nous avons osé affronter l'écueil menaçant d'un public immense, c'est que nous sentions battre courageusement en notre poitrine un cœur de lion.

III.

Prudence est nommée organiste.

L'état de somnambulisme, suivant les relations mêmes de ma somnambule en état de sommeil, lui avait été envoyé comme un don de Dieu, pour faire ouvrir les yeux à ces incrédules qui se nourrissent de ces axiomes absurdes : l'homme n'est que matière; c'est un animal tout comme un autre; ces hommes qui s'efforcent de vivre tranquilles dans leur incroyance en attendant le terrible réveil de la mort. Elle ajoutait que cet état venait de ce que, par une disposition naturelle, l'élément spirituel devenait en elle le maître de l'élément matériel, étourdi et affaibli par l'envahissement du sommeil, et la faisait agir sans consulter sa raison ni prévenir sa mémoire. Je me souviens très-bien que toutes les fois que je l'ai interrogée pendant son sommeil magnétique, elle m'a toujours donné des explications qui, comme on le verra dans la suite de l'ouvrage, ont l'avantage de venir confirmer l'opinion universelle des extatiques et voyants de tous les temps et de tous les pays. L'état somnambulique n'était que le prélude des différentes séries d'état surnaturel que devait parcourir Prudence avant d'en arriver à l'état où elle se trouve aujourd'hui. A l'état de somnambulisme vient se joindre l'état d'extase, état qui, suivant son expression, pleine de la plus suave poésie, en fait une âme vivante.

L'histoire se plaît à nous représenter les extatiques et les prophètes une lyre à la main; c'est qu'il y a une grande analogie entre ces êtres qui, dès cette vie, touchant la terre du pied, vivent déjà dans l'éternité; en sorte que si la musique produit les extatiques, on peut affirmer, sans craindre de se tromper, que les extatiques seuls font de la belle musique.

La musique fit entrer Prudence en extase. Peu à peu on voyait une pâleur livide se répandre sur ses traits, ses lèvres devenir blanches, puis une lumière pleine de splendeur, de divinité et d'inspiration reluire à travers sa chair comme un reflet de la béatitude éternelle. Peu à peu ses oreilles se fermaient à l'harmonie de la terre, mais c'était pour s'ouvrir à la mélodie des cieux. Elle passait des journées entières dans cette singulière rêverie. Un jour qu'elle était dans un de ses moments de crises que la science nommait crises cataleptiques, elle approche ses doigts du clavier de son piano, touche quelques notes, lui sourit doucement comme à un ami, puis en tire des accents si pleins de suavité, des modulations si empreintes de tendresse et de mélodieuse piété, que les assistants, émus jusqu'aux larmes, tombent à genoux, subissant l'influence de cette mélodie qui semblait empruntée à la lyre des anges. C'était un spectacle étrange que de voir cette jeune enfant, ardente d'inspirations, enflammée de génie, l'œil fixé au ciel, les joues allumées, les narines dilatées, les lèvres entr'ouvertes, aspirer avec amour les flots d'harmonie qu'elle entendait aux cieux et s'efforcer de les traduire aux assistants ravis.

Cependant le bruit des admirables compositions que la jeune fille improvisait pendant les crises d'extase, son tendre amour pour Dieu et la sainte Vierge, lui valurent d'être nommée, à l'âge de seize ans, organiste de la cathédrale de Bazas. Prudence était heureuse, non des succès, non des compliments que le public lui adressait sur le talent qu'elle déployait dans ses compositions musicales. Comment en aurait-elle été heureuse? elle ignorait d'où lui venait son talent; seulement, à peine entrée dans le lieu saint, son esprit d'inspiration venait la visiter. Ce n'était pas elle qu'on devait complimenter, mais c'était à Dieu qu'on devait rendre grâce des facultés surnaturelles qu'il avait éveillées en elle. Ce qui lui donnait une béatitude pleine de fierté, c'est qu'elle avait été choisie pour diriger par la mélodie l'essaim des âmes et les ravir jusqu'aux pieds de l'Eternel ! Actuellement c'est encore Prudence qui tient l'orgue dans nos séances publiques; elle lutte aujourd'hui pour faire triompher la vérité. Le terrain est mouvant, l'ennemi est puissant, mais ses triomphes passés sont un sûr garant de ses triomphes à venir. Mais ce qui distingue les somnambules, c'est qu'ils ne jouissent pas de leurs succès : ce sont des acteurs qui passent leur vie à jouer au milieu d'applaudissements qu'ils n'entendent pas, et qui n'en ont même pas le vague souvenir que la mémoire garde du rêve envolé.

les manuscrits [illegible] entre autres, [illegible] avec [illegible] [illegible] de la [illegible].

Cependant le haut [illegible] la jeune fille [illegible] son ardent amour pour Dieu et la Sainte Vierge, [illegible] [illegible] dans le lieu, [illegible]

[illegible]

IV.

Prudence devient extatique visionnaire.

Toutes les facultés du somnambulisme se manifestèrent chez elle ; les influences sidérales agissaient sur elle ; l'onde et les métaux l'impressionnaient. Tout d'un coup, au milieu d'une course à travers les champs, on la voyait s'arrêter pâle, frissonnante, immobile, l'œil fixe, la paupière convulsée ; puis, frappant du pied le sol où elle était, elle disait : Là quelqu'un a été enterré, il y a un homme, il était ainsi vêtu, vivait dans telle maison, est mort en telle année. Souvent on fouilla à la place indiquée, et l'on fut frappé de la terrifiante exactitude de ses révélations en trouvant des os blanchis. D'autres fois, elle avançait un doigt indicateur dans l'air, et décrivait avec des cris d'effroi ou de sympathique affliction les malheurs qui frappaient les personnes avec lesquelles elle avait été en rapport une seule fois dans sa vie. La distance ne l'empêchait pas de ressentir en elle toutes les douleurs physiques et morales qui frappaient les personnes dont elle avait plusieurs fois touché la main ; quand l'une venait à mourir, elle ressentait dans le dos un frisson étrange qui lui faisait tourner convulsivement la tête.

Les gens de la campagne nomment cette impression petite mort, et, dans leur superstition pleine de poésie et de foi, ils s'imaginent que c'est l'âme d'un ami qui vous touche de son aile pour vous avertir de songer à lui.

Dans cet état elle voyait non-seulement les événements au moment où ils se passaient, mais, douée d'une sensitivité exquise, il lui est arrivé très-fréquemment de les pressentir et d'en décrire les détails avec la plus scrupuleuse exactitude. Depuis que je la magnétise, j'ai été souvent averti par elle de ce qui devait m'arriver. Cependant ses crises devenaient de plus en plus fréquentes; son esprit, par une force irrésistible, semblait entraîné vers les régions supérieures. Chaque jour elle mourait davantage à la vie naturelle pour revivre à cette vie surnaturelle de l'extase. Elle avait, malgré sa douceur, sa bonté, sa sensibilité, quelque chose en elle qui effrayait : c'était ses crises de catalepsie contre lesquelles toutes les forces réunies de la science médicale étaient forcées de confesser leur stérile impuissance. C'est que Dieu avait marqué au front Prudence de son signe, et qu'il voulait, pour ainsi dire, décomposer un être vivant en présence des matérialistes pour leur montrer une âme. Le scalpel de l'anatomiste en entr'ouvrant le cadavre fait voir les organes matériels de la vie animale; la lampe d'or du magnétisme jette sa clarté pour rendre visible à tous les yeux le principe de la vie spirituelle, qui est l'âme.

V.

Prudence perd ses parents ; elle est exorcisée comme démoniaque.

Nous nous sommes surtout appliqué à décrire le caractère de l'affection somnambulique de Prudence ; car ce livre étant destiné à l'examen studieux des académies, nous désirons livrer à leurs investigations tous les faits propres à donner à l'intelligence la lumière nécessaire pour lui permettre de l'analyser et de s'en rendre un compte exact. Ces maladies, la médecine ordinaire les connaît, mais elle ne les guérit pas ; elle a même prouvé que ces maladies devaient être rangées dans la classe de ces affections terribles qui roulent le patient, l'œil hagard, les traits bouleversés, une écume de sang aux lèvres, en proie aux plus affreuses convulsions. Le mariage, loin de faire cesser ces terribles maladies, les aggrave, et malheureusement elles sont héréditaires et se transmettent sinistrement de génération en génération. Mais le magnétisme, ce moderne juif-errant, chassé, accusé, repoussé de partout, devait un jour étendre sa main curative sur Prudence, sans s'inquiéter de ces singularités de la maladie, sans se laisser emporter par le découragement. Car nous, magnétiseurs, nous savons que notre force est dans notre foi, et nous nous adonnons de préférence à la guérison des maladies devant lesquelles le médecin reconnaît son impuissance; nous ne faisons que des cures miraculeuses. La première partie nous a montré la pauvre enfant dominée par ses crises extatiques; nous allons voir maintenant ses crises dominées à leur tour et pouvant être évoquées au gré de la volonté souveraine d'un magnétiseur, qui, au lieu de la traiter comme une démoniaque et de l'exorciser comme avaient fait les prêtres surpris de ses extases dans les églises, la traita comme une inspirée et la guérit.

En quelques mois Prudence perdit son père et sa mère. Cette dernière mourut d'une affection cancéreuse au sein.

Un médecin ayant, dans une consultation, offert de la magnétiser pour l'opérer, les autres médecins s'y opposèrent. A dix-huit ans elle se trouvait sans parents et dans une impossibilité complète de contracter mariage, par suite de son affection. C'est à cette époque que je fis sa connaissance. Prudence par sa position maladive m'attira; je vis avec un sentiment indicible cette jeune orpheline, vivant pour ainsi dire sur les limites du temps et de l'éternité, du monde visible et du monde invisible, ravie par moment au monde de la terre. Cette maladie était cependant, malgré l'effrayante singularité des symptômes, un bonheur; car si la douleur l'assiégeait dans son état naturel, souvent, dans son état surnaturel, surtout lorsque sous ses doigts inspirés jaillissait une divine harmonie et que l'orgue soupirait ses hymnes d'amour. elle entrait dans un ravissement ineffable Dans d'autres siècles on l'aurait vénérée comme une sainte, dans celui-ci on la traitait comme une malade, car de nos jours on n'a plus le sentiment du surnaturel. Les extases des somnambules sont des actes de folie, et l'on verse des douches d'eau froide sur la tête des saintes Thérèses modernes, pour éteindre en elles les feux de l'amour divin qui les consume de ses brûlantes ardeurs !

VI.

Guérison de Prudence par le magnétisme.

Lors de la fête de Mont-de-Marsan, je me rendis en cette ville, où de toutes les parties des départements voisins on venait en foule pour assister aux fêtes qui se célébraient. Les cirques ambulants y donnaient leurs représentations équestres, les courses de taureaux y passionnaient le peuple. Je fus appelé au théâtre de la ville pour y présenter des expériences de prestidigitation ou physique amusante, Prudence y vint aussi de son côté, et les familles les plus religieuses, les ecclésiastiques les plus éminents l'accueillirent avec une bienveillance marquée ; car la piété de ses mélodies et ses infortunes attiraient sur elle l'attention de toutes les âmes sensibles, avide de voir cette jeune fille en état d'extase et d'entendre les pieux accords de la jeune sainte. Il y avait à cette époque, dans cette ville, un docteur nommé Alexandre, frère du pharmacien chimiste de ce nom, et qui était en butte à la haine de ses confrères à cause de son amour pour le magnétisme dont il se déclarait hautement partisan dévoué, et dont il se servait avec succès dans la cure des malades. Il entendit parler de Prudence, désira la voir et s'engagea à la magnétiser. Prudence accepta avec reconnaissance. Dès les premières magnétisations, les phénomènes les plus remarquables se produisirent et les crises devinrent moins fréquentes; au bout d'un mois elles cessèrent complétement; seulement il pouvait les produire au gré de sa volonté magnétique. Pour moi, j'étais, je l'avoue, profondément incrédule, et je croyais que le somnambulisme pouvait s'expliquer par une ficelle adroitement cachée par un compère. Un jour, je rencontre le docteur Alexandre, et nous eûmes cette conversation :

— Croyez-vous au magnétisme?

— Pas le moins du monde.

— Alors je veux vous convaincre

— Ce sera difficile.

— Non; je n'aurai qu'à vous faire assister à une séance de Prudence, et vous serez des nôtres.

— Je le veux bien; mais je vous préviens que, grâce à ma profession, je suis difficile à convaincre, et que je devinerai votre *truc* et le révélerai.

— Je vous en prie. A quand?

— A demain si vous voulez.

— Soit. Mais, je vous en préviens, je divulguerai votre ficelle publiquement, et alors si, comme je le pense, ce n'est qu'un tour comme les miens, il sera *débiné*.

— Je vous en prie, à demain sans faute.

Le lendemain je me rendis chez lui. En moins de vingt minutes, Prudence fut endormie; alors il me dit : Je viens par ma volonté de lui fermer les oreilles ; elle ne vous entend plus, quelque bruit que vous fassiez. Alors je pris un pistolet, je l'armai et je le déchargai à son oreille. Je m'attendais à lui voir un soubresaut d'effroi : je connaissais son antipathie pour le bruit des armes à feu ; mais, à mon grand étonnement, elle ne bougea pas plus qu'une morte et elle demeura insensible.

J'étais renversé et convaincu; je m'avouai converti. Il fit encore devant moi plusieurs expériences qui, bien qu'elles ne fussent pas aussi remarquables que celles que j'ai produites dans la suite, me ravirent d'admiration et d'enthousiasme. J'étais un fervent apôtre, Prudence était complétement guérie, et par reconnaissance nous résolûmes de consacrer nos efforts réunis à la propagation d'une science si puissante en miracles. Quinze jours après, de retour à Bazas, nous nous unissions pour la vie par les liens du mariage. Prudence avait été guérie par le magnétisme. Mais le mot guérir est impropre ici ; je veux dire que son somnambulisme, de naturel qu'il était auparavant, était devenu artificiel, et le magnétiseur pouvait le chasser ou l'évoquer d'un geste de sa main rayonnante d'une lumière toute-puissante et mystérieuse.

[illegible] d'offrir [illegible] compagnie
[illegible]
[illegible] elle ne [illegible] pas plus qu'un
[illegible] irrésistible.

[illegible] je n'avais pas compté.
[illegible] devant une plupart [illegible] qui, bien
qu'elles ne fussent pas assez [illegible] que
[illegible] suite [illegible] d'admiration et
[illegible] Mais [illegible] après, Prudence
[illegible] nous [illegible]
[illegible] à la propagation
d'une [illegible] Quinze jours après,
de retour à Tazza, nous quittions [illegible] par
les flancs du montagne. Prudence avait été guérie par le
magnétisme. Mais je [illegible] yeux
dire que [illegible] ce qu'il était [illegible]
[illegible]
la chasse [illegible]
d'une [illegible]

[illegible]

VII.

Voluptés célestes que le magnétisme produit sur les somnambules.

Parmi les dames, il en est un assez grand nombre qui me disent : « Ne craignez-vous pas de faire du mal à votre somnambule ? » (Cette objection m'étant faite encore tous les jours, je crois utile d'y répondre ici.) Il y a un point sur lequel toutes les somnambules sont toujours d'accord, c'est qu'il n'y a pas au monde de plus indicible volupté, de béatitude plus douce que cette défaillance agréable qui endort les sens dans un suave sommeil. Si le magnétiseur est aimé, la sensation est infiniment plus agréable ; en effet, pour moi, magnétiser Prudence, c'est plonger dans un anéantissement complet ses organes matériels, afin que, sans le secours grossier des sens, nos âmes puissent se toucher, se parler, se comprendre dans les expériences de transmission de pensée, où je lui parle sans remuer les lèvres. Savez-vous le phénomène invisible qui se produit, la base sur laquelle repose la production de ce fait, en un mot, ce que c'est ? C'est tout simplement nos deux âmes qui conversent ensemble.

Dans un ouvrage qui se trouve sur les guéridons en bois de rose des jolies femmes et sur les tables austères des hommes de science, *le Monde occulte,* par Henri Delaage, il y a une partie consacrée aux béatitudes pleines d'ivresse de l'influence d'un magnétisme amoureux. Nous engageons nos lecteurs à lire cette description de ces sensations inconnues, de ces ravissements indicibles, de ces extases délirantes, de cette douce et pénétrante jouissance qui rappelle les voluptés célestes de saint Jean reposant sa tête ivre de poésie et d'amour sur la poitrine brûlante de son sauveur bien-aimé, Jésus-Christ.

VIII.

Début public de Prudence comme somnambule.

Je résolus de présenter en public des phénomènes de somnambulisme, et par une singularité pleine d'injustice, les magnétiseurs et le public, au lieu de voir avec plaisir un prestidigitateur venir grossir en soldat dévoué leur armée, me reprochèrent pour ainsi dire ma profession ; et cependant, s'il est une conviction qui parle bien haut en faveur du magnétisme, c'est celle d'un homme versé dans toutes les subtilités de la prestidigitation qui vient franchement avouer que les ressources de son art ne peuvent produire ces phénomènes surhumains.

Un médecin, un savant, dont les yeux sont affaiblis par l'étude, peut aisément être illusionné sur le trompeur mirage du prestige, mais un prestidigitateur ne peut jamais être dupé, et voilà la raison pour laquelle nous, qui ne pouvons jeter les expériences de somnambulisme sur le compte de l'escamotage, nous sommes bien forcé d'être croyant. En vain voudrions-nous nous soustraire à la vérité, elle nous contraint à l'admettre. Pour moi, une fois convaincu, je jurai en mon âme de faire connaître le magnétisme et ses miracles au monde entier. J'ai accompli une partie de ma tâche, mais je ne me reposerai content que quand j'aurai arboré publiquement l'étendard du magnétisme dans toutes les villes de l'Europe.

La première ville où je me rendis fut Libourne. J'affichai publiquement que je donnerais des représentations de magnétisme et de somnambulisme. Je n'étais pas à cette époque aussi fort dans la science magnétique que je le suis devenu depuis, par suite des études approfondies que j'ai faites des principaux ouvrages qui ont été publiés sur cette intéressante matière, et des hommes spéciaux avec lesquels j'ai conversé dans le cours de mes voyages, et qui, je le dis avec un sentiment de profonde reconnaissance, sont venus loyalement me prêter le concours de leurs expériences, de leurs lumières et de leurs sympathies. Cependant, je connaissais assez les principes de l'art du magnétisme, j'avais assez expérimenté avec Prudence pour être en mesure de présenter au public des faits concluants. Le succès fut fidèle au rendez-vous que mes espérances lui avaient assigné : tous les habitants de Libourne voulurent voir par leurs yeux ; leur incrédulité se changeait en surprise, leur surprise en enthousiasme. Quant à moi, j'étais véritablement ivre de bonheur en présence de la réussite de mes expériences.

Il y a cette différence capitale entre la prestidigitation et le magnétisme, que l'une simule les miracles, tandis que l'autre les réalise. Dans la prestidigitation, il suffit de vases à double fond, de compères cachés, de tables préparées ; en un mot, ce sont des ficelles plus ou moins bien dissimulées que tout le monde peut apprendre, et même, si l'on est adroit, réaliser avec un peu d'habitude. La seconde vue de Robert Houdin (qui est certainement un fort habile mécanicien), après avoir fait courir tout

Paris, se voit maintenant aux Champs-Elysées pour dix centimes. Un nommé Gambon en a découvert le mécanisme et il l'a publié dans un livre. Aujourd'hui, avec un peu de mémoire et d'intelligence, tout le monde peut faire ce tour. Quant au somnambulisme, c'est bien différent, car le somnambulisme est une science sacrée qui touche au plus profond mystère de la nature humaine, ses phénomènes sont de vrais miracles, et je mets au défi les plus fins et les plus rusés de trouver la ficelle que j'emploie, par la raison bien simple que je n'en emploie aucune, et que si je produisais cela par la prestidigitation, ce serait infiniment plus beau et ferait grand honneur à mon imagination inventive.

IX.

Procédés pour magnétiser de Mesmer, de Puiségur et de Deleuze.

Il y a des magnétiseurs qui se vantent publiquement de ne pas comprendre ce qu'ils font ; nous, bien que nous nous bornions dans nos séances publiques à la présentation d'expériences, non-seulement nous comprenons parfaitement ce que nous faisons, mais nous allons donner notre théorie magnétique augmentée de tous les perfectionnements dont nous sommes l'auteur et qui contribuent à donner une plus grande fixité à ses phénomènes.

Les leçons sont inutiles ; il suffit de voir une fois magnétiser pour le savoir.

Mesmer, pour agir magnétiquement, mettait les sujets en rapport avec un baquet dans l'intérieur duquel étaient des bouteilles remplies d'eau magnétisée, de la limaille de fer, du verre pilé et autres matières semblables, et enivrait leurs oreilles par une musique douce, langoureuse, propre en un mot à agir sur les nerfs.

Puiségur, bien plus près du vrai que ce dernier, eut l'idée assez heureuse de remplacer ce baquet par un arbre magnétisé. C'est cet homme, apôtre zélé de la science nouvelle, qui produisit les premiers phénomènes du somnambulisme, découverte qui doit changer la face du monde au jour très-rapproché où les yeux de tous en auront contemplé les curieux phénomènes.

L'abbé Faria, homme très-singulier, doué d'une puissance magnétisme brutale, mais très-grande, employa des procédés différents, mais infiniment plus commodes. Il faisait placer le sujet devant lui, l'engageait à fermer les yeux et à se recueillir; alors il rassemblait son fluide vital par la concentration en sa volonté; il l'émettait en prononçant d'un ton impératif ce mot: Dormez! Si l'épreuve ne réussissait pas, il recommençait encore deux fois; s'il y avait nullité d'action, il déclarait le sujet impropre au somnambulisme.

Deleuze, un des pères du magnétisme, a écrit ces mots si remarquables:

L'action de magnétiser se compose de trois choses:

1° La volonté d'agir;

2° Un signe qui soit l'expression de cette volonté;

3° La confiance au moyen qu'on emploie.

X.

Ma méthode personnelle de magnétisation.

Pour moi, je pourrais magnétiser ma somnambule Prudence, non-seulement à distance, mais ce qu'il y a encore de bien plus curieux, je puis la magnétiser sans qu'elle s'en doute, sans faire le moindre geste, en lui en donnant tacitement l'ordre avec ma volonté. Ces expériences, je les ai très-souvent tentées pour mon instruction particulière; mais comme, en général, le nombre des sujets sur lesquels on peut exercer ce mode de magnétisation est très-rare, j'ai toujours préféré présenter au regard du public le spectacle des passes magnétiques les plus propres à former des somnambules : aussi je crois pouvoir dire que dans les nombreuses villes où je me suis rendu, j'ai non-seulement fait des croyants au magnétisme, mais des magnétiseurs praticiens qui ont des somnambules qu'ils magnétisent et consultent, et auxquelles ils demandent avis dans toutes les circonstances de la vie, car une somnambule est une clairvoyante amie qui vous donne des conseils précieux sans qu'on ait la peine de lui rien confier.

Lorsque je parais en public, je commence par me mettre en rapport avec ma somnambule en lui saisissant les pouces et en la fixant avec énergie afin de l'envahir insensiblement, et, en lui transfusant dans les nerfs mon fluide vital, de vivre en elle ; puis je charge le sommet de sa tête d'électricité par quelques passes faites à grands courants, ayant pour but d'anéantir sa pensée, sa volonté et de les remplacer par la mienne, afin que, par un phénomène d'identification, elle soit, pour ainsi dire, une doublure de moi-même.

Le corps endormi, j'éveille l'âme en portant ma main à l'épigastre ; sous cette influence, ses paupières s'alourdissent, ses yeux se ferment, elle tressaille et convulse ses bras ; alors je chasse d'un souffle les parties de mon sujet que j'ai trop chargées de fluide, et je donne la parole et la vie à sa langue en la démagnétisant par une contre-passe très-légère que je fais en effleurant ses lèvres avec la papille de mes doigts ; je lui prends la main, et pour savoir si elle est assez dégagée je lui demande comment elle se trouve, et quand elle me répond : — Bien, je déclare au public que le sujet est endormi. Je me sers de ce mot endormi pour parler un langage compréhensible de tous ; mais il serait plus vrai de dire éveillé. En effet, si vous avez endormi le corps, qui n'est *rien*, vous avez éveillé l'âme, qui est *tout*. Ainsi les yeux fermés voient plus loin que des yeux ouverts, ce cerveau endormi pense mieux qu'un cerveau éveillé. La différence est infiniment grande entre son état de sommeil et son état de veille : dans l'état de veille, c'est une femme; dans l'état de sommeil, c'est un ange, et un ange dans le sens thaumaturgique du mot, c'est-à-dire un être immatériel qui n'est plus limité par les obstacles de temps et d'espace! Voilà les miracles des passes magnétiques. Je vous ai avoué franchement les moyens que j'employais; croyez, et vous opérerez les mêmes prodiges; croyez, et votre foi transportera les montagnes qui, comme des barrières, se dressent entre vous et la puissance mystérieuse du magnétisme; croyez, et vous serez plus fort que le monde qui n'ose pas reconnaître la vérité et l'adorer; croyez enfin, et sous vos mains convaincues naîtront les miracles, car aux hommes de foi Dieu accorde seulement le pouvoir d'opérer de grandes choses ici-bas.

XI.

Phénomène étrange de magnétisme.

Un des phénomènes les plus concluants du magnétisme est l'influence magnétique exercée à distance. A Angoulême, une commission composée de dix membres vinrent me demander de juger de mon influence à distance sur ma somnambule. « Volontiers, répondis-je. Je m'en vais me laisser conduire dans l'endroit de la ville que vous voudrez, par la moitié d'entre vous ; l'autre moitié emmènera Prudence avec elle. Ayez deux montres à secondes allant l'une sur l'autre, et au moment même où vous me direz d'influencer magnétiquement ma somnambule, elle avertira les personnes avec lesquelles elle sera que j'agis sur elle. » On nous emmena chacun dans un endroit de la ville ; on me donna vingt fois l'ordre d'agir sur ma somnambule, l'on en prit une note exacte, et le résultat de l'expérience fut concluant ; car, à la seconde même où j'avais exercé mon influence magnétique sur Prudence, elle l'avait ressentie. O matérialiste ! quel nom donnerez-vous à ce je ne sais quoi qui, plus rapide que l'éclair, traverse invisiblement l'espace ?

Pour l'homme qui veut présenter des phénomènes de

somnambulisme sur un théâtre ou devant une assemblée, il faut qu'il ait bien soin de ne pas se laisser dominer magnétiquement par le public, mais, au contraire, de le tenir pour ainsi dire sous le charme puissant de sa volonté magnétique. Le public se compose de trois classes de personnes : les incrédules de bonne foi, les incrédules taquins et de mauvaise foi, et les croyants. Les séances étant données pour amener les convictions dans les esprits il serait absurde et injuste de ne vouloir opérer les expériences somnambuliques que devant un public croyant ; mais il serait encore bien plus inepte de se laisser décontenancer par cette classe sceptique et railleuse que l'on nomme mauvais plaisant. Ainsi, dernièrement, un être de cette classe antipathique à tout le monde me demande de changer pour ma somnambule de l'eau en café au lait. Je commence ; alors se reprenant et riant, il me dit : Je voulais dire en moutarde. Je restai impassible et je continuai à faire exécuter l'ordre donné en premier. Si je m'étais fâché, je donnais une attaque de nerfs à ma somnambule ; si je l'avais écouté, je composais un mélange n'ayant de nom en aucune langue.

XII.

Succès de mon cours de magnétisme.

Ma vie n'a été qu'une longue et pénible course durant laquelle j'ai eu à lutter corps à corps avec l'incrédulité des matérialistes qui, s'étant fait une petite philosophie à eux sur la nature de leur être, me trouvaient très-audacieux de venir démentir leurs idées et les inquiéter sur leur destinée future, qu'ils croyaient pouvoir traduire par ce mot impie : après la mort, le néant. J'avais de plus à lutter contre les médecins, dont les intérêts pécuniaires se coalisaient contre la science magnétique qui leur faisait une très-redoutable concurrence. Dans un de mes voyages à Riberac, j'y fis connaissance de M. Numa Dufraisse, d'abord adversaire du magnétisme et depuis partisan zélé. Je remarquais toujours, à chacune de mes séances, un homme à l'œil perçant, à la physionomie fine, qui, penché sur le théâtre, suivait avec une nerveuse sollicitude mes moindres gestes, et après chaque expérience, s'écriait : Ma foi, je n'ai pas encore pu saisir la ficelle ! Cet homme, qui m'examinait avec tant d'anxiété, était un des médecins les plus renommés de la ville de Périgueux. Un jour, après une séance qui avait prodigieusement bien réussi, je déclarai que, moyennant la somme de 20 fr., j'allais faire un cours de magnétisme en six séances, et que je m'engageais à rendre chaque souscripteur en état de produire sans mon intervention, sur ma somnambule Prudence, tous les phénomènes que je venais de réaliser sur elle pendant la séance. Alors, ce médecin qui n'avait pas manqué une seule expérience, se levant, me dit : Inscrivez en tête de la liste M. Numa Dufraisse. Son exemple fut suivi par plus de trente personnes de la ville, et le sixième jour, à l'aide de ma méthode de magnétisation, je les avais mis en état de produire sur Prudence les mêmes effets magnétiques que j'avais moi-même présentés en public. M. Numa Dufraisse était convaincu, et comme toutes les organisations bouillantes, il brûlait de se faire apôtre du magnétisme. Pour montrer qu'il ne rougissait pas de sa croyance et pour prouver combien était sincère sa conviction, il me demanda la permission de donner une représentation publique avec ma somnambule Prudence. J'acceptai. De toutes les parties de la Dordogne on vint en foule. La séance fut orageuse ; mais non-seulement la victoire demeura au magnétisme pratique, mais au magnétisme théorique ; car Numa Dufraisse, avec le talent de parole qui le distinguait, avait répondu avec supériorité à toutes les objections qui lui avaient été faites. Après la séance, me prenant la main, il me dit : Mon cher Lassaigne, votre place est à Paris. Et en même temps il me remit une lettre pour Cholet, son beau-frère, alors rédacteur de l'*Epoque*. Au moment où j'écris ces lignes, un journal tombe sous ma main et j'y lis la mort de Numa Dufraisse. Qu'il me soit permis, au nom du magnétisme, de déposer la couronne du courage sur la mémoire de cet homme illustre par son savoir, qui jeta sa savante popularité comme un manteau sur cette science, afin de la couvrir de son nom et de sa protection.

XIII.

Une séance de magnétisme en présence de l'Émir Abd-el-Kader.

Abd-el-Kader, l'émir captif, venait de donner aux officiers supérieurs de la garde commise à sa surveillance un déjeuner de fête, à la coutume des Arabes : c'était le vendredi 2 septembre 1848 ; j'avais reçu de M. le capitaine Boissonnet l'invitation de me rendre, avec mon excellente somnambule Prudence, au château de Pau, pour y faire des expériences devant l'Émir et sa suite.

A deux heures après midi, ma somnambule et moi fûmes introduits dans l'appartement d'Abd-el-Kader.

C'est une vaste chambre, au deuxième étage, dont le plafond est élevé à quatre mètres environ du parquet; cette pièce est boisée par places ; la majeure partie des lambris est tendue de coton rouge ; il n'y a aucune des dorures fabuleuses que les habitants de Pau disent entourer l'Émir et les siens. Une grande porte donnant sur un long corridor ; en face de cette porte, une vaste et antique fenêtre, d'où l'on découvre Jurançon, une multitude de village et les hautes montagnes des Pyrénées, avec leurs fronts chauves et noirs, leurs gorges de neiges et de glaces éternelles, leurs flancs bruns et arides; une cheminée immense; un lit à baldaquin; un pauvre canapé, quelques vieilles bergères laissant aller leur duvet rongé des vers; quatre ou cinq fauteuils disparates, deux tables peu luxueuses; des nattes roulées et placées sur le parquet, le long des parois de la muraille, pour y servir de siéges; deux matelas peu propres, étendus dans les angles à droite de la chambre; telle est la disposition du lieu de séjour de l'illustre guerrier.

Abd-el-Kader, assis sur son lit, au milieu de plusieurs tas de livres arabes, vêtu de son ample burnous blanc, coiffé d'une espèce de gaze en poil de chameau, chaussé de demi-bas de laine, entouré de vingt à vingt-cinq Africains respectueux, avait la figure calme autant qu'elle est belle et expressive. Ses grands yeux noirs, brillants dans leurs orbites, surmontés d'épais sourcils, illuminent d'une flamme ardente son front vaste et intelligent, sur lequel on remarque un léger tatouage. Une longue barbe d'ébène, naturellement bien plantée et bien fournie, qui laisse voir une bouche moyenne ornée d'un double rang de perles, donne à sa physionomie ouverte un caractère de noble fermeté. Sa main petite, blanche et douce termine gracieusement un bras nerveux et musclé, dont il est aisé de deviner la puissance. Il paraît âgé de trente-cinq ans environ, et d'une vigueur de corps peu commune.

A l'arrivée de la société, Abd-el-Kader, qui lisait probablement quelque versets du Koran, ne se dérangea point de sa lecture. Cependant, une ou deux minutes après notre entrée, il ferma son livre et sourit affectueusement, en faisant signe de la main qu'il nous invitait à nous asseoir.

Après quelques paroles échangées entre Abd-el-Kader

et le capitaine Boissonnet, qui voulut bien servir d'interprète, je magnétisai ma somnambule. La plupart des Arabes parurent étonnés de voir le sujet succomber si promptement au sommeil, sous l'influence des passes magnétiques. Abd-el-Kader, lui, se montra tout-à-fait indifférent. Aussitôt, les expériences commencèrent.

PREMIÈRE EXPÉRIENCE.

Insensibilité physique.

La somnambule endormie se laisse enfoncer dans les chairs, et à une grande profondeur, plusieurs longues et fortes épingles. On lui applique sous le nez, pendant longtemps, un flacon contenant plus de 120 grammes d'ammoniaque liquide concentrée; elle respire comme d'habitude, et ne paraît ni incommodée, ni contrariée de ces épreuves.

DEUXIÈME EXPÉRIENCE.

Vision malgré l'occlusion des yeux.

L'Émir voit, en souriant, qu'on prend la peine de matelasser les yeux du sujet, de comprimer les tampons, et de lui envelopper toute la tête jusqu'à la poitrine d'un épais et lourd burnous, que ne supporterait ainsi, par la chaleur qu'il fait, aucun des Africains présents à la séance.

On demande à Abd-el-Kader comment il désire s'assurer que le sujet, dans un tel état, distingue les objets sur lesquels on appelle son attention. Bien moins exigeant que ne le sont les Européens en général, l'Émir se contenta d'écrire son nom en français et en arabe et de demander qu'on le soumît à la somnambule. Aussitôt, celle-ci porta le papier contre sa poitrine et lut, ou plutôt épela A..ab....ab...del...Abd-el-Ka...der, Abd-el-Kader. L'Émir sourit, posa sur un livre le roseau qui lui sert de plume, fit un signe d'approbation et de contentement, et demanda qu'on délivrât la somnambule des obstacles qui la fatiguaient.

TROISIÈME EXPÉRIENCE.

Compréhension et exécution de l'ordre mental.

Après qu'on eut accordé quelques instants de repos à la somnambule, on demanda à Abd-el-Kader ce qu'il désirait qu'elle exécutât par la transmission de la pensée.

— Qu'elle aille prendre le chapelet que mon oncle porte à la ceinture, dit-il.

L'ordre me fut traduit tout bas à l'oreille. Je me tenais alors silencieux et immobile derrière mon sujet. A l'instant même, ma somnambule se lève, traverse obliquement la chambre, se courbe devant le vénérable vieillard, qui est assis, à la manière des tailleurs, sur un matelas, et dont l'étonnement semble mêlé d'effroi ; elle porte les mains à la ceinture du mahométan, décroche le lourd chapelet et me l'apporte, aux grands applaudissements de l'Émir, qui avait dû prier son oncle de ne pas s'opposer à l'expérience.

La satisfaction que venait de montrer Abd-el-Kader m'engagea à lui demander de donner un ordre nouveau. Cette fois, l'Émir désira que ma somnambule allât baiser les genoux de l'un de ses frères. L'ordre me fut à peine communiqué que ma somnambule, qui était revenue à sa place, se leva hardiment, marcha droit vers le jeune Arabe, et déposa un baiser sur ses genoux, joints alors, et couverts du burnous oriental.

QUATRIÈME EXPÉRIENCE.

Influence du cuivre sur le système nerveux de ma somnambule.

Ayant annoncé que le cuivre, approché à quelques pouces de ma somnambule, lui produisait une sensation pénible, je proposai d'avoir plusieurs boîtes pareilles, d'enfermer du cuivre dans l'une d'elles, de les disposer dans un certain ordre, à mon insu et à celui des partisans avoués du magnétisme, d'en faire approcher mon sujet, et de lui demander d'indiquer, sans toucher aucune des boîtes, celle où le cuivre se trouverait. Certes, cette expérience, faite dans de telles conditions, devenait concluante, en cas de réussite. Eh bien, la somnambule, après avoir promené sa main au-dessus des boîtes, à 15 centimètres de distance environ, indiqua précisément la boîte contenant le cuivre! Cependant, la masse métallique était bien faible, car ce n'était qu'un clou de fauteuil.

CINQUIÈME EXPÉRIENCE.

Illusion des sensations.

Je proposai que l'on prît par la main ma somnambule; qu'on lui commandât de marcher et que l'on eût la volonté qu'elle se figurât appuyer les pieds sur telle ou telle chose, au lieu du parquet.

Le docteur du château se mit alors en rapport avec ma somnambule, et prit la volonté que le parquet se trouvât, pour le sujet, momentanément couvert de verre cassé. — Ah! fit ma somnambule aussitôt, je me blesse les pieds; vous voyez bien qu'il y a là du *verre cassé*, et que je ne puis avancer.

Après le médecin, M. le rédacteur en chef du *Mémo-*

rial des Pyrénées demanda à faire une expérience du même genre. Il fut mis en rapport avec ma somnambule, et voulut qu'elle s'imaginât marcher dans la crême à la vanille. C'était là une idée assez bizarre, idée de journaliste incrédule, mais mon sujet n'y échoua point. Après avoir fait deux pas, ma somnambule, tâtonnant des pieds, dit : Mais je ne sais pas précisément dans quoi je marche, c'est comme de la vase très-molle; cependant ce n'est pas de la vase. Attendez, laissez-moi sentir... C'est... Ah! que c'est drôle! *C'est de la crême à la vanille.* — L'illusion était complète.

Ma somnambule était fatiguée, je la réveillai.

Ayant demandé à l'Émir ce qu'il pensait du somnambulisme, Abd-el-Kader me répondit : « Nous avons en » Afrique des personnes qui ont les même facultés que la » dame qui est là ; mais on croit généralement, dans notre » pays, que ces voyants obéissent à la puissance de bons » ou de mauvais génies, selon qu'ils font le bien ou le » mal. »

Il est plus que probable que l'Émir avait déjà vu et étudié des somnambules et des extatiques.

Au moment où je me disposais à sortir du château, ma somnambule demanda s'il lui serait permis, à elle, de voir les dames arabes. Abd-el-Kader répondit affirmativement, avec une galanterie presque française. Lui-même accompagna ma somnambule jusque dans la chambre des femmes, qui accueillirent fort bien leur visiteuse. La femme légitime de l'Émir, couverte de joyaux, de médailles et de chapelets, s'empressa d'offrir à ma somnambule des gâteaux frais, à l'instar de ceux du désert.

La visite fut de longue durée. L'Émir raconta à ces

dames ce dont il venait d'être témoin, cela piqua leur curiosité à un tel point, qu'une exclamation partit de toute part, Allah ! Allah !... La favorite fit asseoir sur son lit ma somnambule et prit place près d'elle ; quant aux autres dames, elles se groupèrent autour d'elles et engagèrent une conversation mimique. Des échanges de petits bijoux eurent lieu de part et d'autre. Prudence Bernard reçut de la favorite un bracelet africain, et donna à titre de reconnaissance un médaillon allégorique et son portrait pris dans sa belle pose de Cléopâtre se donnant la mort. Ma somnambule et moi quittâmes le château à six heures du soir.

XIV.

Fait de lucidité par Prudence.

Prudence est rapidement magnétisée par M. le docteur Massot, de Perpignan; elle est mise en rapport avec madame Bruguère, malade, par le simple contact d'une boucle de cheveux. —Voulez-vous voir la personne qui est près de vous? — Je le veux bien. — Voyez-vous de quel genre d'affection est atteinte cette personne? — Je le vois... Sa maladie est au foie... Il est gravement attaqué... Cela date d'assez longtemps. — Depuis quelle époque environ? — Depuis sa dernière couche. — Que s'est-il passé à sa dernière couche?... Je la vois enceinte d'un garçon... Mais elle ne le porte pas à terme... Il lui arrive un accident... Ah! je vois... c'est à la campagne... une chute. — Quel genre de chute? — Attendez... Laissez-moi voir... J'y suis... On lui propose une partie de plaisir, d'aller au village voisin passant par le roc... Comme ce chemin est difficile!... Il n'y a guère que les enfants et les paysans qui passent par là... Oh! la malheureuse!... Pourquoi ne pas faire le tour?... Ah! mon

Dieu !... Une pierre roule sous ses pieds... Elle tombe... Elle est évanouie... Elle s'est blessée à la hanche droite. — De combien était-elle enceinte lorsque cet événement lui est arrivé ? — Laissez-moi compter... Sept mois et demi. — Qu'arrive-t-il maintenant ? — On l'emporte chez elle... Les soins lui sont prodigués... Mais vous y êtes, monsieur le docteur... Je vous vois près d'elle... Mais les soins sont inutiles... Elle fait une fausse couche... et la délivrance est très-pénible. — Tout ce que vous venez de dire est exact. Dites-moi s'il y a longtemps que cet accident est arrivé à cette dame. — Onze mois... Depuis ce temps-là la pauvre infortunée n'a plus quitté son lit. — Y a-t-il espoir de la sauver ? — Hélas ! non... Le mal a fait trop de ravages.

Toutes les personnes qui étaient présentes à cette séance se retirèrent convaincues de l'existence du magnétisme et de ses prodigieux résultats.

Messieurs, le but de mes séances publiques est de faire comprendre à tous les hommes l'utilité d'une science qui aurait besoin d'être examinée de près par les hommes sérieux. En l'appliquant à la médecine, le magnétisme est appelé à rendre un grand service à la société en raison même de la simplicité de son application. Tout être vivant, doué d'un peu d'intelligence possède le moyen naturel de conserver la santé ou de la rétablir en cas d'affection. Les somnambules clairvoyantes, qui ont reçu de Dieu cette faculté, prouvent par leur lucidité qu'il n'y a ni barrière ni espace que leur clairvoyance ne puisse atteindre lorsqu'il s'agit d'un but utile.

XV.

Mes expériences à Orléans, Versailles et Saint-Germain.

Je me mis en marche pour Paris en donnant des séances de magnétisme dans les différentes villes que je parcourais. En passant à Orléans, je fis la connaissance d'un des magnétiseurs les plus distingués de l'époque, du docteur Charpignon, qui envoya cependant au journal du magnétisme de Du Potet un article dans lequel il s'élevait avec une sévérité indignée contre mon procédé, qui a souvent consisté à présenter au public la magie simulée à côté de la magie réalisée, c'est-à-dire la prestidigitation et le magnétisme. De là je me rendis à Versailles, où je donnai des représentations dans un pavillon chinois avec un tel succès, que je reçus un ordre du maire de quitter la ville, sous prétexte que je faisais au théâtre de la ville une concurrence qui rendait ses recettes infructueuses et son existence impossible. De là, je me rendis au théâtre de Saint-Germain, où le directeur m'accorda la salle éclairée ; il est vrai que, de mon côté, je lui abandonnai la moitié des bénéfices.

J'étais aux portes de Paris ; je profitai de l'occasion pour solliciter de la préfecture de police du département de la Seine l'autorisation d'ouvrir une salle et d'y donner des séances de magnétisme. J'écrivis plusieurs pétitions sans pouvoir l'obtenir. Ces refus agirent d'une manière malfaisante sur Prudence, qui tomba malade ; car les somnambules sont des êtres en qui la sensibilité nerveuse est infiniment plus irritable que chez tous les autres. Comme des fleurs délicates, elles ont besoin d'être cultivées avec tendresse par une main aimée, qui écarte de leur tige frêle et sensible tout ce qui pourrait la briser. Sur ces entrefaites, et en attendant la permission d'entrer dans Paris, la bannière du magnétisme haute et déployée, je résolus de laisser Prudence dans une maison que je venais d'acheter à Saint-Germain, et je partis comme prestidigitateur pour la Champagne. J'y étais depuis quelque temps, quand, un matin, le facteur me remit une lettre qui me fit repartir immédiatement pour Saint-Germain, où se trouvait Prudence, qui, n'étant plus magnétisée, venait d'être terriblement reprise par un accès de somnambulisme naturel.

XVI.

Prudence est reprise d'accès de somnambulisme naturel.

La lettre qui me rappelait à St-Germain m'apprenait que Prudence avait été trouvée à trois heures du matin couchée dans la neige, sans vêtements, au milieu de la place de St-Germain. Un monsieur Richard, apercevant une femme dans cet état, s'en était approché, et lui avait demandé son nom. Prudence, avec cette voix à demi étranglée qu'ont les somnambules dans leur état de sommeil, lui avait répondu qu'elle se nommait Prudence, qu'elle était sortie pour se promener un peu et qu'elle allait très-bien. Ce monsieur eut la bonté de la reconduire chez elle, et l'on m'écrivit de revenir. Je me mis à la magnétiser, et les accès de ce somnambulisme naturel ne sont jamais revenus. On me dira peut-être avec raison que le magnétisme ne guérit pas les cataleptiques, puisque la maladie reparaît quand le magnétiseur n'est plus là ; nous ne le nions pas : aussi avons-nous bien eu soin de dire que l'action du docteur Alexandre avait seulement changé le somnambulisme naturel en somnambulisme artificiel. Ici le magnétiseur est comme le paratonnerre qui attire la foudre de la crise et la dirige où il veut, en rendant ses attaques sans danger.

Ne pouvant obtenir la permission pour mon compte personnel, je résolus de tenter de me produire sur un théâtre de la capitale. J'allais trouver M. Herman, directeur du théâtre de la salle Bonne-Nouvelle, et je lui proposai de donner, lors de la réouverture de la salle, des expériences de somnambulisme au prix de 30 francs par séances. Nous traitâmes seulement pour quinze jours comme essai; mais la veille du jour de la première représentation, la préfecture de police envoya l'ordre de retrancher du spectacle et de l'affiche le mot de magnétisme. M. Herman se rendit à la préfecture. Il n'obtint pas précisément l'autorisation; mais il fut convenu que l'on nommerait une commission composée de vingt-cinq membres, dont moitié serait nommé par le ministre de l'instruction publique, et moitié par préfet de police. Je reçus l'ordre de me tenir prêt le surlendemain à trois heures, à donner une représentation devant la commission, parmi les membres de laquelle se trouvait M. Paris, chef de bureau de la préfecture. Les expériences réussirent parfaitement, et la permission me fut accordée à l'unanimité. M. Herman, qui assistait pour la première fois à mes expériences, me dit : Au lieu d'ouvrir demain, nous n'ouvrirons qu'après-demain ; car nous allons envoyer des lettres d'invitation à toute la presse parisienne. La presse à Paris est la grande et souveraine puissance; elle tient en sa main la trompette de la renommée et elle soufile votre nom aux quatre coins de l'univers attentif.

XVIII.

Mes séances à la salle Bonne-Nouvelle.

La presse consacra à ma somnambule Prudence ses plus élogieuses métaphores. *L'Illustration*, ce recueil dont le succès grandit chaque jour, grâce au soin de son très-intelligent directeur, M. Paulin, qui, non content d'en faire l'encyclopédie du XIXe siècle, en a fait le musée de tous les arts, le monument illustré de toutes les gloires, en sorte que tout ce qui existe de grand, de beau et d'attrayant en ce siècle y a son nom et son portrait, l'*Illustration* me représenta avec ma somnambule Prudence au moment où le rédacteur de ce même journal lui faisait éprouver une sensation en marchant sur un objet supposé. Si c'est la presse en général qui donne la popularité, on peut dire que c'est *l'Illustration* en particulier qui donne la célébrité. Quand on a eu la gloire d'avoir son portrait dans cette galerie, n'importe où le vent de la destinée vous pousse, vous n'êtes plus inconnu, car aujourd'hui il n'existe pas une ville, un château où ce recueil n'ait pénétré.

Le public s'émut, et les séances de Prudence devinrent de plus en plus nombreuses. Après quinze jours je voulais partir pour Turin, mais on me demanda de rester : mon départ aurait été une ruine ; j'y restai aux appointements de 60 francs, et la moyenne des personnes qui venaient chaque soir était de douze cents.

Je fus malade pendant quatre jours, et au lieu de 2,000 francs de recettes, on ne fit que 60 francs. Je donnai quatre-vingt quatre séances et je partis pour Turin, où j'étais appelé au Vauxhall par le trésorier du roi de Piémont.

Les administrateurs de la salle Bonne-Nouvelle crurent que le nom seul de magnétisme suffisait pour attirer le public et emplir leur caisse. Trois somnambules essayèrent successivement de monter sur les planches de ce théâtre, et furent obligées d'en descendre au milieu des huées d'un public mécontent.

J'avais gagné la cause du magnétisme, la lutte avait eu lieu, j'en étais sorti victorieux ; mais les ennemis du magnétisme profitèrent de ma retraite pour l'attaquer et le vaincre. Ce pauvre Idjiez, malgré ses connaissances phrénologiques, M. de Rovère et Adolphe Didier ne purent résister, et ils plièrent bagage.

Mais tandis que le magnétisme tombait honteusement à Paris, il triomphait de l'autre côté des Alpes et répandait son éblouissante clarté sur l'Italie, qu'il venait illuminer pour la première fois de sa douce lumière.

XIX.

Mes expériences au Vauxhall de Turin.

Parmi les persécuteurs du magnétisme, il y a une race qui le poursuit avec une froide cruauté. Cette race hypocrite et rampante comme une limace infecte, souille tout ce qu'elle touche ; ivre de fiel, elle s'efforce de jeter son venin sur une vérité qui l'offusque, car la lumière blesse ses yeux d'oiseau de nuit.

J'avais obtenu un immense succès devant un public de plus de douze cents personnes dans la salle du Vauxhall de Turin, quand le lendemain matin une commission composée de sept ou huit personnes se rendit chez ma somnambule et m'offrit une somme de 50 francs pour une série d'expériences déterminée. Ce jour-là, l'incrédulité, la raillerie et le mauvais vouloir de cette commission furent si grands, que Prudence irritée, mal disposée par l'état d'esprit des consultants, ne put réussir aucune expérience ; alors je leur offris de leur rendre leur argent, ce qu'ils acceptèrent, et je les priai de revenir ; mais au lieu de cela ils se rendirent au bureau du journal *la*

Concordia, dans lequel ils imprimèrent que j'avais émigré de Paris, fuyant devant les expériences de l'Académie.

Je leur écrivis une lettre dans laquelle je leur demandai de me laisser recommencer, et où je niais tout ce qu'il y avait de perfide et de mensonger dans leur article; mais au lieu d'imprimer ma lettre, ils insérèrent une note ainsi conçue : « Le magnétiseur Lassaigne nous écrit une lettre dans laquelle il confesse qu'il lui a été impossible de réaliser aucune des expériences que nous lui avions demandées. »

Nous avons mentionné ce fait parce qu'il contient un argument tout-puissant en faveur de la différence du magnétisme sur la prestidigitation. S'il y avait une ficelle, les dispositions du sujet et des assistants ne nuiraient pas à la réussite des expériences, le tour aurait lieu toujours.

Toutes les expériences publiques que j'ai données à Turin ont réussi, et quand je quittai la ville, j'y laissai un peuple croyant à ces phénomènes, qui sont, pour ainsi parler, l'aurore naissante de la religion de l'avenir.

XX.

La comtesse Ottolini.

Un jour, après une séance donnée à Turin, on vint nous avertir qu'une personne désirait nous parler. Nous nous trouvâmes bientôt en présence d'une femme vêtue de noir. Son port était noble, élevé ; sa figure, très-belle, laissait deviner une de ces têtes intelligentes qui savent penser ; ses yeux luisaient d'une lumière douce, pénétrante ; en un mot, cette femme, en qui l'on retrouvait de la reine et de la divinité, séduisait au premier abord par le charme d'une âme embrasée de l'amour de l'humanité souffrante. Elle nous dit qu'elle avait assisté, dans l'étonnement et l'admiration, à la séance que nous venions de donner, et nous pria de lui en donner une pour elle seule. J'endormis Prudence, qui lui prit la main. Au tressaillement qu'éprouva Prudence en sentant dans ses mains les belles mains de cette noble femme, qui était la comtesse Ottolini, je compris que la séance allait être des plus brillantes.

— Pouvez-vous me dire où je demeure? lui demanda-t-elle. — Vous demeurez à Milan, lui dit-elle ; vous êtes maintenant en voyage pour toucher des fermages. J'aperçois votre maison ; elle est très-belle, et sous le vestibule, j'aperçois un buste de Napoléon. Alors, elle lui dit de voir cette même maison à deux ans en arrière.

— Il y a bien du monde ; j'entends le bruit du canon ; toutes les chambres sont pleines de lits. Que vous êtes bonne! que vous êtes pieuse! Voilà que vous pansez les blessures de ces pauvres soldats Vous avez fait de votre palais une ambulance pour les Italiens et Autrichiens blessés ; car le cœur du Christ est dans votre poitrine, et vous ouvrez vos beaux bras à tout ce qui pleure, qui souffre et qui saigne. Vous aimez bien Dieu et Dieu vous aime bien.

Tout cela était très-vrai. La comtesse nous engagea à aller la voir dans son palais de Milan, si nous venions dans cette ville. Nous le lui promîmes, mais nous perdîmes son adresse ; alors, pour pouvoir la retrouver, nous prîmes la résolution de magnétiser notre somnambule Prudence. A peine endormie, Prudence aperçut sa maison, lut le numéro, en sorte que nous pûmes nous y rendre. Elle nous reçut avec une affabilité pleine d'élégante bienveillance, nous offrit un appartement dans sa maison, ce que nous acceptâmes avec reconnaissance ; enfin, nous fit l'honneur de nous faire dîner à sa table, en compagnie des hommes les plus illustres de Milan, et nous pria de donner quelques séances. Dans une de ces séances, le docteur Masseroti, médecin fort distingué, voulut endormir Prudence ; il la magnétisa, et fit avec elle plus de dix transmissions de pensée qui réussirent parfaitement. Le chanoine Ambroiso la magnétisa aussi avec un égal succès, et fit paraître dans le journal *l'Ere nouvelle* un article éloquent en notre faveur. Les principales autorités de Milan furent témoins de ces expériences: elles obtinrent pour nous les bonnes grâces du prince Schwartzemberg, gouverneur de la ville, qui nous accueillit fort bien, nous accorda la permission de donner des séances publiques de magnétisme et mit à notre disposition le théâtre de la Scala. Cette permission était très-difficile à obtenir, car le gouvernement autrichien ne permet de magnétiser que dans le cas d'une très-urgente nécessité.

Nous avons tenu à raconter l'accueil fait au magnétisme, en notre personne, par cette noble comtesse, Française par le cœur et la naissance, pour démontrer à tous qu'une science qui rencontre une semblable protectrice doit porter le front haut et croire à son triomphe futur.

XXI.

Nos expériences à Milan.

A Milan, nous donnâmes plusieurs séances publiques qui réussirent. Quelques médecins nous en demandèrent une; nous la leur donnâmes gratuitemen . Mais malgré les faits remarquables qui s'y produisiren , entre autres l'épreuve d'une mèche de cheveux remise à Prudence dans un papier, l'attitude tracassière et moqueuse des assistants nous empêcha d'être satisfaits. Et cependant cette épreuve avait été concluante, car la déclaration de Prudence que ces cheveux appartenaient à une femme malade du poumon gauche, coïncidait parfaitement avec le billet écrit au crayon : Cheveux d'une femme; tubercule au poumon gauche. La seconde séance que nous donnâmes fut sérieuse et remarquable; nous allons en traduire le procès-verbal, car ce procès-verbal pour nous, c'est un bulletin de victoire. A partir de ce jour, il n'est plus permis de reprocher au magnétisme de ne pas avoir affronté les académies; c'est la première, c'est l'unique fois, il est vrai; peu nous importe. Le magnétisme s'est présenté devant les membres de l'académie de Milan en ma personne et en celle de Prudence, et il en est sorti triomphant. L'insuccès des autres ne prouve rien. Voici le précis exact du combat, le procès-verbal de la séance traduit littéralement de l'italien.

ACADÉMIE DE MILAN.

EXPÉRIENCES FAITES LE 25 SEPTEMBRE 1850.

Soixante-trois personnes, avocats, chimistes, médecins, se réunissent à huit heures du soir dans un local désigné à cet effet par eux. Le président, Salvatore Pogliaghi, commence à dire que ce n'est pas une séance d'amusements, mais une séance scientifique dont les résultats ne peuvent être dus au charlatanisme ni aux combinaisons de mécaniques et de prestidigitation; qu'il y aura des expériences de lecture et de transmission de pensée; que, pour éviter tout ce qui pourrait être le résultat de télégraphie, le plancher est doublé de tapis et les murailles sont tapissées; qu'enfin, la séance se faisait dans un lieu inconnu de Lassaigne. Le programme sera fourni par la commission du bureau, composé de MM. Cesare Cantù, Francisco Pertusati, et du docteur Angelo Dubini et Luigi Marchetti.

Lassaigne et Prudence sont introduits à huit heures cinq minutes. La commission procède à l'examen de Prudence. Les pulsations du pouls sont de 88 par minute; les yeux sont sensibles à la lumière; la pupille est dilatée et l'œil suit la lumière; le thermomètre centigrade, laissé dans sa main 20 secondes, donne 27 degrés. On approche de sa tête et de toutes les parties de son corps une boussole, qui demeure immobile.

Lassaigne commence par les passes ordinaires; en deux minutes Prudence est en somnambulisme. On explore de nouveau les pulsations, et l'on trouve cent battements par minute; les paupières sont affaissées; on constate l'immobilité et l'insensibilité de l'œil à la lumière qui en est approchée. On replace le thermomètre pendant 20 secondes dans sa main : il marque 37 degrés; on fait de nouveau approcher la somnambule de la boussole: il y a déviation de 6 degrés. Comme cette oscillation pouvait être produite par le mouvement invontaire de la table, on posa la boussole sur un terrain plus solide. Lassaigne fait des passes nouvelles pour charger sa tête de fluide: l'aiguille éprouve une oscillation bien marquée. Un fer doux est approché de la boussole et ne donne aucune déviation. Lassaigne le passe deux ou trois fois sur l'estomac de Prudence, et le morceau de fer enlève une forte aiguille à coudre. Dans ce moment un des membres fait observer au comité que Lassaigne a des bagues : il les quitte et obtient sur le fer le même degré d'aimantation. Prudence attire l'attention de l'auditoire par l'état extrême de transpiration dans lequel elle se trouve. On approche de la somnambule un vase plein d'ammoniaque concentrée, d'une surface assez large pour embrasser le nez et la bouche de Prudence ; après quelques secondes d'aspiration, elle déclare ressentir l'effet de l'ammoniaque. Le signor Pertusati procure un vase moins large; l'ammoniaque y est déposée, et la somnambule la respire douze secondes consécutives et ne paraît pas en ressentir l'effet. On propose de lui ôter sa chaussure, de lui chatouiller la plante des pieds : elle demeure dans l'insensibilité la plus absolue. Un autre membre propose de lui chatouiller l'intérieur du nez avec une barbe de plume : elle reste insensible. Le docteur Dubini lui comprime fortement la première phalange de l'annulaire, et le sujet ne paraît éprouver aucune sensation désagréable. A l'improviste, le docteur Marchetti lui pince fortement à plusieurs reprises le bras nu : elle demeure dans l'insensibilité la plus complète.

2e EXPÉRIENCE.

Premier ordre.

Lassaigne met une plume dans les mains de Prudence et demande qu'on lui dise par écrit ce qu'elle doit en faire. Le signor Cantù remet un papier à Lassaigne; Lassaigne dit alors qu'il serait mieux de lui dire de vive voix, pour éviter l'équivoque; alors il est conduit dans un appartement voisin. Quand il rentre, il se pose à 4 mètres derrière Prudence, tend sa main vers elle : elle se lève, va directement vers le président et lui présente la plume. Le signor Cantù dit que c'est bien là l'exécution de son ordre.

Deuxième ordre.

Dubini présente un ordre par écrit à Lassaigne, qui accepte sans observation. Prudence se lève, retourne vers Lassaigne qui est resté à côté du docteur Dubini. Elle s'approche du docteur, lui touche la main à plusieurs reprises et lui prend la barbe, qu'elle tire, et après, elle dit ne pas oser continuer. Lassaigne dit résolument qu'il le veut ; elle dit qu'elle causera de la douleur au docteur Dubini, qu'elle n'ose pas le faire. L'ordre donné par Lassaigne était d'arracher un poil de la barbe du docteur Dubini ; alors Lassaigue fait remarquer la transpiration des doigts de Prudence.

Troisième ordre.

Le signor Cantù donne un billet à Lassaigne. Prudence se dresse de suite ; elle s'approche de la table où est assis le docteur Pogliaghi; elle allonge et lève les bras, et déclare ne pouvoir arriver. Alors Lassaigne invite le docteur Pogliaghi à lui donner la main. Ceci fait, elle examine la personne du docteur Pogliaghi, et dit ne pas voir distinctement l'objet ; Lassaigne répète mentalement l'ordre qui lui a été donné ; il insiste impérieusement. Elle fouille dans la poche de son gilet, en prend un petit lorgnon et le rapporte à son magnétiseur. L'ordre est déclaré parfaitement exécuté. Il est à remarquer que dans ce cas le petit lorgnon était mêlé à plusieurs monnaies de cuivre dans la poche du président. Lassaigne attribue au cuivre la lenteur de l'exécution, car le cuivre est répulsif à Prudence dans l'état magnétique.

Quatrième ordre.

On donne par derrière un ordre écrit par le docteur Carlo Ampelio Calderini. Prudence se dresse, va à gauche vers une petite table devant laquelle est le docteur Tarchini, secrétaire, touche divers objets qui s'y trouvent, montre de la répulsion en appuyant la main sur une lampe de laiton, puis lui prend la main et lui ôte la plume. L'ordre donné était de retirer la plume des mains du secrétaire. Prudence accuse que l'odeur de l'ammoniaque lui fait mal à la tête. Lassaigne la dégage.

Cinquième ordre.

L'ingénieur Cagnoni présente à Lassaigne un billet ; de suite Prudence se lève, va aux assistants du côté gauche, derrière lesquels se cache le signor Bosisio, le touche, et s'approche de l'ingénieur Cagnoni, lequel est debout derrière, le touche un moment et met la main dans son chapeau, prend, à diverses reprises, les objets qui s'y trouvent ; la somnambule choisit l'objet désigné par écrit à son magnétiseur.

Sixième ordre.

Lassaigne offre de faire une expérience à distance et sans voir sa somnambule. On pose cinq chaises, et, de la chambre voisine, il va faire lever par Prudence la chaise qui lui sera désignée secrètement. L'ingénieur Vallolini veut faire poser d'autres chaises; Lassaigne s'y oppose en faisant remarquer qu'il est obligé de se rappeler de mémoire la place qu'occupent ces chaises pour ordonner mentalement à sa somnambule celle qu'il faut enlever ; mais il propose de remplacer les chaises par six chapeaux ; cela est accepté. On en met trois noirs et trois blancs. Lassaigne annonce qu'il fera trouver lourd ou léger à sa somnambule le chapeau qui lui sera désigné, Plusieurs membres l'accompagnent ; il se retire avec les signor Cantù, Pertusati, Dubini, Valtolinia, Sedini ; ce dernier rentre dans la salle d'expériences. Après quelques secondes, il prend Prudence par la main, la conduit près des chapeaux et lui ordonne de les soulever ; elle déclare trouver plus pesant le troisième commençant par la droite. Ce fait était conforme à l'ordre donné à Lassaigne dans la chambre voisine, où il était gardé à vue par les trois autres assistants.

Septième ordre.

On demande à Lassaigne de faire décrire à Prudence un fait quelconque, comme ceux qu'il fait raconter ordinairement dans ses séances publiques. Celui-ci s'asseoit à droite, et il place la main de Prudence dans la paume de sa main, afin de laisser tous ses doigts visibles aux yeux des assistants. Prudence déclare voir quelque chose d'un peu élevé comme une colonne, et dit qu'au-dessus de cette élévation se trouve la sainte Vierge et une foule de personnes qui se pressent pour l'entourer ; elle dit que la foule l'empêche de bien dicerner, et qu'elle va la traverser. Lassaigne demande si cette sainte vierge est vivante ; elle répond non, mais les yeux en remuent, et la foule est dans l'étonnement. Le docteur Dubini dit alors qu'il voulait qu'elle décrivît les yeux de la madone de Rimini, que, pour son compte, il n'avait pas vu mouvoir. Lassaigne s'était figuré la madone en statue au lieu d'être en tableau, ce qui avait produit une confusion.

Huitième ordre.

Lassaigne propose de faire chanter et cesser à volonté, suivant l'ordre qui lui en sera donné. Il est suivi par signor Cantù, Pertusati, Marchetti, Dubini, Erba, Triacha, qui le conduisent dans une autre chambre dont on ferme la porte. Après quelque temps d'attente, Lassaigne se présente, et annonce que le retard ne vient pas de lui, mais de ceux qui l'ont accompagné ; il referme la porte. Un instant après, Prudence commence à chanter ; elle est interrompue et recommence à chanter par trois fois. Les assistants qui accompagnent Lassaigne déclarent que l'ordre a toujours été instantané.

La Commission demande à Lassaigne s'il veut faire une autre expérience de transmission de pensée, renfermé dans la salle voisine. Il répond qu'il a besoin de voir ou d'entendre Prudence pour s'assurer que, lorsqu'il émet sa volonté, au même instant la somnambule exécute son ordre mental. Il est quelquefois obligé de redonner plusieurs fois un ordre, en sorte que lorsqu'il croirait avoir fini de transmettre l'ordre indiqué, il pourrait ne l'avoir que commencé ; que dans l'expérience du chant, il se met dans un appartement duquel il peut entendre chanter sa somnambule, et que cela lui suffisait. Il propose, si on le désire, de lui faire frapper dans ses mains afin qu'il puisse entendre si elle exécute l'ordre qu'il lui a transmis. D'après la réponse de Lassaigne qu'il lui suffit de voir ou d'entendre sa somnambule pour la faire agir, la Commission fait porter un paravent dont les feuilles ont trois mètres en hauteur ; à une de ses feuilles est percé un petit trou de la grandeur d'une pièce de deux francs ; ce trou est fermé par un verre de vitre. Lassaigne est renfermé dans les plis du paravent ; il ne peut plus communiquer ni avec sa somnambule, qui est à quatre mètres de distance, ni avec le reste de l'assemblée. Un ordre par écrit lui est lancé par dessus le paravent. La somnambule vacille, avec des mouvements incertains, irréguliers. Lassaigne s'avance et dit que le paravent est placé de manière, à cause de la réverbération du jour, à l'empêcher de voir sa somnambule. Le fait constaté, on change la somnambule de place et l'on donne un nouvel ordre à Lassaigne qui est revenu à son poste. Prudence élève le bras droit et pose sa main sur son front : c'était l'exécution fidèle de l'ordre lancé par le signor Triaca.

Dixième ordre.

Signor Cantù et Dubini se mettent en communication avec Prudence, et prennent les mains droite et gauche de la somnambule sans communiquer à Lassaigne leur résolution, l'un pour lui imprimer un sentiment de sympathie, et l'autre d'antipathie. Prudence dit qu'elle ne trouve pas plus de sympathie chez l'un que chez l'autre. Dubini et Cantù disent qu'ils ont pris la résolution d'être antipathiques.

Onzième ordre.

Le président prend avec sa main droite la main droite de Prudence pour lui faire dire un fait qu'il se figure, sans l'intervention de Lassaigne ni d'aucun autre. Elle commence par dire que le fait lui est arrivé à lui-même; qu'elle ne le voit pas à pied, mais sur quelque chose; que le temps est obscur. Vous n'êtes pas seul; on dirait qu'il va vous arriver quelque chose. Le docteur affirme la vérité des paroles de la somnambule. Celle-ci, continuant, lui dit que l'homme qui l'accompagne a bien mauvaise mine et que lui est bien pâle. Ce que je vois encore dans ce tableau, c'est de l'eau; j'entends le bruit de quelque chose qui tombe. Là, le docteur se lève et dit: Je me figurais remonter un lac avec une autre personne, dans une barque, par un temps d'orage.

Douzième ordre.

Signor Sedini se met en communication avec Prudence sans l'intervention de Lassaigne; il lui demande de reproduire le fait qui se présente à sa pensée. Elle commence par déclarer qu'elle ne voit rien, pas même le signor Sedini. Le signor Sedini concentre sa pensée d'après l'avis de Lassaigne. Prudence dit alors: Je vous vois en voyage; elle affirme qu'il a pris pour ce voyage un grand carrosse et qu'il le fait pour affaires. Elle dit qu'elle passe par une très-petite ville, lui demande si il veut qu'elle s'y arrête; le signor Sedini veut qu'elle continue. Elle lui annonce que le carrosse s'arrête devant une grande maison qui ressemble à une auberge, mais qui n'en est pas une. Elle le voit entrer, monter l'escalier, pénétrer dans une chambre qui lui est destinée : Vous avez peur. En ce moment je vous vois seul. De quoi avez-vous donc peur ? Mais vous êtes dans l'obscurité. Elle ne peut distinguer le reste et déclare entendre un bruit de chaîne dans la chambre voisine : Je vois un énorme chien ; c'est lui qui cause votre épouvante. A ce point, le signor Sedini, qui, durant le récit de Prudence, ne répondait rien, s'élance de sa chaise avec des exclamations d'enthousiasme, et s'écrie que Prudence vient de lui retracer un fait de sa première jeunesse ; il raconte qu'il était parti de Milan en carrosse, qu'il a logé à Sarone dans une vaste maison et qu'il y a entendu, à peine couché, un bruit de chaîne, et a cru être menacé par des malfaiteurs ; qu'enfin, un domestique étant venu, il lui ouvrit une chambre, où il aperçut un chien attaché à une longue chaîne.

A ce moment, Prudence se dit fatiguée et prie Lassaigne de la réveiller avec ses contre-passes accoutumées. Il est à remarquer que ces expériences ont été faites dans une salle inconnue à Lassaigne ; que les glaces en étaient voilées, le parquet recouvert d'un double tapis ; que pendant toute la séance, Lassaigne s'est tenu à la distance de trois à quatre mètres ; que les personnes qui ont fourni les faits ont été nommées, séance tenante, par le président, et que, pendant la séance, il a été fait un bruit sourd pour empêcher des signes de convention exécutés par le froissement des doigts, la respiration, en un mot les conventions qui pouvaient exister entre le magnétiseur et son sujet.

La séance s'est terminée à dix heures.

Lu et approuvé.

Les membres de la Commission,

Salvadore POGLIAGHI, *président;* Francisco BIOSCHI, *secrétaire.*

La Société d'encouragement a invité Lassaigne pour une autre séance où elle désirerait faire seulement des expériences de transmission de pensée; mais il a répondu qu'il ne pouvait accepter, car il était attendu à Venise.

La séance s'est terminée à dix heures.

Lu et approuvé.

Les membres de la Commission,

Salvatore Pourtaqua, président; François Brosson, secrétaire.

La Société d'encouragement a invité Lassaigne pour une autre séance où elle désirerait faire seulement des expériences de transmission de pensée: mais il a répondu qu'il ne pouvait accepter, car il était attendu à Venise.

XXII.

Les combats et les triomphes du magnétisme.

De Milan nous nous rendîmes à Genève. Là, nous rencontrâmes un peuple intelligent, au cœur avide de connaître la vérité, en un mot une nation avancée dans la carrière des grandes connaissances. C'est le terme dernier de mes voyages. Arrivé dans cette noble Helvétie, je résolus de livrer à la science mes travaux, mes études, mes découvertes. Ce qui donne à mes écrits une lumière qui n'est pas le propre des ouvrages modernes, c'est qu'en ma qualité de magnétiseur, ma vie s'est passée au contact d'une femme visité par l'esprit d'inspiration, qui a été exorcisée par les prêtres comme une possédée de l'esprit des ténèbres, et qui, nous osons le dire sans crainte, était possédée par l'esprit de lumière qui est Dieu. Si Prudence tressaille et entre dans l'extase et le ravissement quand elle entre dans une église, ne l'accusez pas d'être en rapport avec Satan ; car, je vous le demande à vous tous, prêtres : Comment le démon serait-il dans la béatitude en la présence des saints autels? Et vous, hommes à intelligence étroite, qui préférez nier qu'étudier, avant de crier: Jonglerie! méditez mon livre, et dites-moi si je ne suis pas en rapport avec les croyances établies dans la conscience de tous les peuples. Non! je ne viens renverser aucune vérité, mais je viens les affirmer en les prouvant par des faits irrécusables. En marche donc, hommes de conviction; laissons de côté les petites questions de la politique humaine pour ne nous occuper que des grandes questions de l'éternité et du monde des causes. En marche, jeunes gens qui sentez flamboyer votre sang! Le feu sacré de la vérité a répandu la lumière dans le monde afin d'en faire un palais splendidement éclairé! En marche, vous aussi, femme au doux regard et au tendre sourire! Vous avez jusqu'ici embrasé l'homme des flammes de l'amour; le jour est arrivé, l'heure a sonné, il faut embraser des feux divins de l'amour sacré l'humanité tout entière.

Quant aux hommes sceptiques dont les lèvres impertinentes me reprochent ma vie errante et vagabonde, à ceux-là je leur répondrai que le métier de vagabond est à jamais sanctifié depuis le jour où douze pêcheurs vagabonds, le bâton de pèlerin à la main, ont conquis à la vérité chrétienne l'empire romain. Avant que vos injures puissent m'atteindre, il faut que les statues des apôtres, les grands vagabonds de la foi du Christ, aient été traînées la corde au cou hors de vos églises. Jusque-là, petits déclamateurs, taisez-vous; car l'immobilité pour vous, c'est la sagesse; pour moi, c'est l'impuissance. Si je n'ai pas la science de l'écrivain qui vit dans le passé, j'ai le cœur de l'homme de progrès qui vit dans l'avenir.

XXIII.

Influence du mariage sur le caractère des somnambules.

Nous abordons ici une question d'une extrême délicatesse qui touche au principe premier de la science magnétique. L'opinion que nous allons émettre est notre propriété; nous ne sommes pas des plagiaires; car non-seulement personne n'a abordé ce sujet, mais personne n'a possédé le genre de lumière nécessaire à éclairer une matière aussi ténébreuse. Nous commençons par poser en principe que le mariage d'une somnambule avec son magnétiseur est une source fréquente d'insuccès; nous allons le développer en donnant les signes certains auxquels on reconnaît les femmes qui peuvent dormir du sommeil somnambulique. L'âme de la somnambule, éveillée dans son corps assoupi par l'infiltration du fluide magnétique, jouit d'une lucidité due à la prédominance de l'âme sur la chair. Or, non-seulement le mariage exalte la convoitise de la chair, mais il en éveille l'orgueil à un tel point, que très-souvent, quand le magnétiseur devient le mari, il ne peut plus, sous son influence rayonnante, foudroyer la nature qui se dresse, lui résiste en face ; et tandis que celui-ci s'efforce de la dompter, celle-là refuse opiniâtrement de se soumettre, et par sa rébellion rend maussades les séances qu'elle aurait pu faire. Ainsi, il est arrivé bien des fois que, pour une légère contrariété éprouvée dans la journée par mon sujet, il a échoué dans toutes mes expériences.

On me reproche d'être vif et d'être emporté : mais c'est à cette vivacité, à cet emportement que je suis redevable de mes succès, la vie, l'emportement, la force, étant nécessaires à tous les magnétiseurs ; car il y y a une chair à dompter, et une chair qu'exaltent encore les moindres choses, que surexcite le moindre caprice. Les natures tranquilles ne doivent pas pouvoir magnétiser, car elles se laissent magnétiser à leur tour par leur sujet, qui les rend de plus ridicules et impuissants. Le magnétisme, dans certains cas, est une lutte entre le magnétiseur et son somnambule. Il faut donc que le magnétiseur use de tout son pouvoir, surtout quand il se trouve en face d'un public qui a payé pour voir des faits. Lorsque mon sujet se trouve mal disposé, j'ai eu à recommencer quatre fois à lui donner mentalement un même ordre, et je ne parvenais à le lui faire exécuter qu'en lui disant avec énergie : « Fais ce que je t'ordonne ! » Ainsi, ce que le public nomme brusquerie, moi je le nomme devoir et équité.

XXIV.

Avenir du magnétisme.

Le magnétisme vient de subir une terrible persécution de la part du parquet, et bien que nous ayons toujours marché poitrine découverte et porté haut notre étendart, nous avons été épargné. Mais nous nous gardons d'incriminer la justice et le gouvernement ; car, du moment que l'on s'occupe de poursuivre le magnétisme, c'est que l'on reconnaît son existence, c'est qu'en lui signe son acte de naissance ; car on ne poursuit pas ce qui n'existe pas ; sans cela on donnerait au monde le ridicule spectacle de don Quichotte se battant contre des moulins à vent. Le magnétisme, depuis quatre ans, non-seulement a fait un pas immense, mais, de ruisseau qu'il était, il s'est changé en torrent impétueux, qui renversera dans son cours orageux les barrières qui lui font obstacle, et en emportera les débris fracassés dans l'océan de l'oubli !

Les littérateurs, les artistes, les intelligences supérieures croient au magnétisme ; en sorte que l'on peut dire que cette science est la science de l'avenir : car le cerveau de l'Europe, qui est le monde artistique et littéraire, le sent et y croit fermement, sincèrement, fortement. Tous les livres de philosophie qui n'ont pas le magnétisme pour principe et pour base sont illisibles, car le public n'admet plus que l'ennuyeux soit le synonyme obligé du sérieux. Dans ce siècle, tout homme se croit appelé à exercer la souveraineté de son intelligence. En vain voudrait-on encore bannir du royaume de la Vérité certaines classes : elles sont résolues à ne plus se tenir à la porte; elles veulent pénétrer, car toutes sentent que le jour est venu où le patrimoine de la science doit être commun entre tous. La littérature, par ses représentants les plus intelligents et les plus populaires, a acclamé ces sciences nouvelles, et ses cris ont été entendus ; tous sont impatients de quitter l'ombre pour la lumière, le doute pour la croyance. Il est impossible d'opposer une digue au large fleuve de l'intelligence, car il lui a été dit par Dieu : Tu ne remonteras pas vers ta source!

Ce qui assure la popularité à la science du magnétisme, c'est que tandis que pour parvenir dans toutes les autres branches des connaissances humaines il faut de patientes études, pour être un magnétiseur dont les mains en se posant sur les malades leur donnent la santé, il ne faut que deux choses : foi et vertu. Il y a des esprits qui, comme une douane officielle, croient avoir pour mission de protéger le passé et de prohiber l'avenir ; êtres impuissants et sans force, qui ignorent cette vérité si admirablement formulée par ce noble et beau poëte, par ce philosophe au cœur altéré de liberté et à l'âme embrasée de l'amour de l'humanité, Arthur de Laguéronnière, quand, l'œil tourné fatidiquement vers l'avenir, il écrivait : « Il est impossible d'arrêter les courants électriques de l'opinion publique. » Paroles impérissables que nous disons à tous ceux qui, tout en admettant le magnétisme, ne voudraient en voir la pratique confiée qu'à des savants et à des anatomistes, ignorants qui oublient que Dieu ne veut point que les bienfaits de ces vérités soient le partage d'un petit nombre ; car Dieu, mon maître et le vôtre, se rit de vos sciences, et donne la lumière de son inspirations aux petits comme aux grands, aux savants comme aux ignorants !

Il y a seulement cinq années, le mot magnétisme n'avait pas de sens bien défini pour la généralité des hommes, et aujourd'hui il y a deux camps en présence : ceux qui croient et ceux qui nient. Les premiers sont les hommes de l'ancien monde, les derniers sont ceux du monde nouveau ; aux uns la mort de l'erreur, aux autres la vie de la vérité.

Quand une idée a été déposée dans un peuple, il faut qu'elle germe. Nous ne nions pas que le magnétisme, comme toutes les grandes découvertes, ne bouleverse bien des positions établies, mais ces bouleversements seront semblables à ceux qu'opérait l'esprit de l'Eternel, quand, porté sur les eaux, il tirait du chaos un monde !

Nous avons parlé du peuple entier de croyants au magnétisme; car, lorsque l'on jette un regard attentif sur les phalanges qui, le front rayonnant d'un triomphe assuré, viennent à nous, toutes les fatigues, toutes les peines sont oubliées, et nous nous réjouissons de notre triomphe comme le soldat couvert de poussière et de sueur, quand il entend les fanfares de la victoire qu'il vient de remporter.

Dans les nombreuses villes que j'ai parcourues en apôtre de cette vérité, j'ai été frappé d'un symptôme irréfutable qui accusait dans le peuple, la jeunesse et les femmes, une propension marquée non-seulement à s'occuper de ces sciences, mais à les défendre avec l'héroïque passion des âmes convaincues. C'est que, suivant eux, reconnaître le magnétisme, c'est reconnaître ce feu sacré qui bouillonne en leurs veines et les emporte fatalement vers des doctrines nouvelles; c'est que cette science est particulièrement la science de ceux qui aiment et qui souffrent. L'amour n'est-il pas une flamme ardente qui embrase, consume et ouvre l'intelligence aux perceptions les plus élevées? La souffrance, en tordant le cœur de douleur, ne le dispose-t-elle pas à s'épandre d'amour pour tout ce qui peut lui assurer la fin de ces maux et un autre monde? Aussi le magnétisme, comme un arc-en-ciel, s'est levé lumineusement coloré et il a été salué par les âmes altérées, les cerveaux qui pensent et les cœurs qui battent.

Au moment où nous laissons tomber de notre plume ces lignes empreintes d'espérance, nous voyons, dans l'antique édifice du Palais-de-Justice, s'asseoir le magnétisme sur les bancs des criminels, dans la personne d'un vénérable protestant, M. Bellot, ainsi que dans celle de Mme Talbert, la cartomancienne somnambule qui a tracé à l'avance à Lola Montès les agitations amoureuses de sa vie errante. Des magnétiseurs, sous prétexte de dignité compromise, ont écrit : Honte à vous qui êtes condamnés ! pour nous, nous leur disons : Espoir ! Ils ont jeté la boue du mépris et de l'insulte à votre face; eh bien ! nous, nous venons faire luire l'auréole du martyre sur votre front !

Il y a des gens, courtisans de toutes les grandeurs, qui outragent tous les malheurs ; cette tactique n'est pas la nôtre ; jamais nous ne frapperons un ennemi désarmé et à terre.

Nous avons constaté la non réussite d'expériences, tout en les déplorant. Il suffit que nous soyons victime des exploiteurs du magnétisme, pour que nous ne nous faisions pas l'écho des railleries des intérêts blessés. Quand nous voyons couler le sang des soldats du magnétisme, au lieu de les achever, nous tâchons de l'étancher avec le voile précieux de l'espérance !

Nous aurions pu faire un gros livre des cures, prédictions et consultations de Prudence, notre somnambule ; nous avons préféré faire un livre utile pour tous ceux qui s'occupent sérieusement d'étudier cette science. Nous n'avons pas besoin d'écrire une *réclame* élogieuse sous le titre de livre de magnétisme, car un semblable prospectus ne convient qu'aux remèdes d'une efficacité douteuse.

Bien que nous ayons toujours été protégés par l'autorité, ou plutôt parce que nous avons toujours été protégés par elle, nous croyons devoir lui soumettre avec une respectueuse déférence toutes nos idées sur la pratique industrielle du somnambulisme à Paris.

Une femme est foudroyée par les attaques de catalepsie. Si elle appartient à la classe riche, il lui sera facile de se faire traiter dans la maison de santé du docteur Blanche ou du docteur Falret, et de passer une existence heureuse sous les ombrages verdoyants de leurs parcs magnifiques ; mais si elle est pauvre, elle se laissera facilement amener à laisser exploiter sa maladie, et le parquet, ignorant les causes qui la poussent à demander son pain de chaque jour à son étrange industrie, la condamnera à la prison comme une voleuse !

Nous nous élevons avec force contre celles qui simulent la lucidité magnétique; mais du moment que nous admettons que quelques-unes en jouissent réellement, nous ne pouvons plus, dans notre loyauté, nous empêcher de déplorer de voir les mains de la justice emprisonner le vrai avec le faux. Le père Lacordaire, dont nous citerons plus loin la brillante apologie en faveur du magnétisme, reconnaît que la somnambule peut voir et guérir la maladie. Il serait donc infiniment plus chrétien d'admettre que Dieu, par un bienfait spécial de sa Providence, a voulu mettre dans les facultés somnambuliques un rayon de sa lumière, afin de prouver à tous que, même dans les êtres les plus souffrants et les plus pauvres, il y a un souffle de l'Eternel qui, âme vivante, voit l'avenir!

Le public, voilà le grand juge! voilà le souverain pour nous! De quel droit lui défendrez-vous de s'approcher des médecins en qui il a confiance; de quel droit lui défendrez-vous aujourd'hui d'aller demander la santé à celui qui guérit son parent, son ami? En vain m'objecterez-vous les droits sacrés de la science médicale; je n'ai besoin pour vous réfuter que d'ouvrir Rolin et de vous lire le passage dans lequel il rapporte que le père de la médecine, Hippocrate, dont vous ne me contesterez pas l'autorité, avait puisé sa science dans l'étude des prescriptions des *somniatores* ou somnambules du temple d'Epidaure!

Lors même que vous considéreriez le somnambulisme sous un aspect mercantile, comme un moyen pour certaines personnes de gagner de l'argent, ce qui est le détourner de la voie élevée et éminemment spiritualiste qui lui appartient, pourquoi empêcheriez-vous des gens d'y consacrer une partie d'une fortune qu'ils ne sauraient peut-être employer autrement, lorsque surtout il ne s'y joint aucune idée d'escroquerie ? Quand avez-vous traîné sur les bancs de la police une actrice sous le prétexte qu'elle avait fait dépenser son or à un homme riche? L'inconnu, le merveilleux sont dans les goûts de toutes les âmes supérieures. Pourquoi, en détruisant les seules sources où elles puissent s'abreuver, les condamner aux réalités décevante sd'une vie positive? Nous connaissons particulièrement beaucoup d'hommes intelligents et sensés qui sont venus nous dire : Le somnambulisme a bercé nos souffrances, car dans le somnambulisme nous avons reconnu la vérité des dogmes du christianisme, idée qu'Alexandre Dumas a proclamée en ces termes : « S'il est une science au monde qui rende l'âme visible, c'est sans contredit le magnétisme. »

Mais nous ne pouvons terminer sans prouver que ce ne sont pas les gens ingénus et niais qui vont demander la lumière et la vérité au somnambule, mais au contraire les plus remarquables et savantes intelligences. Tous les peuples ont cru aux facultés prophétiques de l'âme, et il faut un orgueil extrême pour dire : les Grecs croyaient aux pythies, les Romains aux sybilles, les Hébreux aux prophètes; mais nous, fils de la raison émancipée, nous ne voulons croire à rien de tout cela. Nos yeux ne voient pas l'intérieur des corps, notre intelligence ne pénètre pas les mystères de l'avenir; donc la tradition, le consentement unanime des peuples, les croyances des plus grands génies des siècles écoulés ne sont rien. Notre raison à nous dit que tout cela est jonglerie et escroquerie; il faut en finir avec ces superstitions vieillies, il faut les discréditer par le mépris d'une condamnation, les ruiner par l'amende, les épou-
promis de présenter à tous les moyens de magnétiser ; ils

vanter par la prison. Mais vous qui avez tant d'expérience et de raison, souvenez-vous que la vérité use les prisons, et que jamais les prisons n'ont pu user une seule vérité.

Nous respectons la justice; nous ne voulons en rien écrire une seule ligne qui puisse ternir sa splendeur; nous avons confiance en elle; nous savons qu'un jour elle viendra grossir le nombre des soldats du magnétisme; déjà, nous affirmons que dans le corps de la magistrature, il ne se trouverait pas dix juges pour faire brûler une malheureuse accusée du crime de sorcellerie somnambulique. Ces poursuites sont sans rigueur réelle quand on les compare à celle de l'inquisition, et que l'on voit la différence importante qui existe dans le traitement que l'on fait subir aux somnambules de nos jours avec celui des sorcières d'autrefois. Le découragement serait donc un crime. Espoir et résignation, ô vous qui combattez sous la bannière déployée du magnétisme; consolation, ô vous qui souffrez pour sa cause; car dans l'avenir le succès nous attend, et le but de tous nos efforts est déjà visible à tous les yeux; ce but, objet de nos espérances, c'est de voir tous les cœurs unis dans cette lumière, source du mouvement et de la vie, et qui est pour nous : Magnétisme.

Je m'en vais reprendre par l'Angleterre le cours de ma propagation magnétique. Pour ramener à la croyance, il me suffit de ma somnambule, d'une femme au front de laquelle brillent comme une auréole les facultés somnambuliques. Jusqu'ici, les magnétiseurs se sont décriés, ils se sont fait une guerre terrible les uns aux autres; qu'ils se réunissent sur un terrain commun, et que ce terrain soit l'amour de l'humanité : de l'humanité qui souffre, et dont nos mains calment les douleurs; de l'humanité qui doute, et à laquelle nos expériences donnent la foi. J'ai sont en ces peu de mots : croyez et aimez. Croyez, et des flots de lumière jailliront de votre cœur et éclaireront l'intelligence de votre somnambule; aimez, et le désir d'être utile vous donnera la force de surmonter tous les obstacles. Un jour viendra qui nous récompensera au centuple de toutes nos fatigues. Si Dieu a mis en nous le feu sacré de la lumière, c'est pour que, secouant sur l'univers entier les torches flamboyantes de la vérité, nous incendions tous les cœurs des flammes de son amour!

[illegible]

Vue dans l'avenir des sujets magnétisés.

Une des gloires du monde littéraire, un homme dont la plume, comme un sceptre, gouverne le monde des intelligences et amène par une voie certaine les peuples au progrès, M. Eugène Sue, se trouvant en présence de la question magnétique, l'a saluée avec le respect que toute intelligence d'élite lui porte. Si nous nous faisons de préférence l'écho de l'opinion de ce grand écrivain, c'est qu'il y a une multitude immense qui croit en sa parole comme en celle d'un homme en qui habite l'esprit de vérité; c'est qu'enfin nous sommes heureux de retrouver sous sa plume l'expression des sentiments que nous avons dans le cœur pour le nom d'Henri Delaage.

« Les divinations des somnambules ou des personnes soumises à l'influence magnétique se réalisent parfois d'une manière surprenante : la science a encore tant de secrets à pénétrer! Aussi, en présence de ces faits, qui confondent notre raison, serait-il plus sage de ne pas crier à l'impossible, à l'absurde, au hasard! L'on n'a pas assez de dédains, de sarcasmes et de sauvages persécutions contre l'alchimie, et pourtant elle a été la source des merveilles positives de la chimie. Mais pour une de ces divinations qui se réalisent par l'enchaînement fatal, mystérieux et jusqu'ici incompréhensible de certains faits, combien de déceptions et souvent aussi de grossières et ridicules fourberies! Ayons donc espoir dans la marche toujours progressive de la science humaine; seule, elle peut élucider, elle élucidera les plus étranges phénomènes de la nature (1).

» EUGÈNE SUE. »

(1) Nous n'achèverons pas ce récit sans signaler à nos lecteurs un petit livre très-curieux et très-savant : *Le monde occulte, ou les mystères du magnétisme*, publié par M. Henri DELAAGE, avec cette épigraphe du père LACORDAIRE : *Je crois fermement, sincèrement aux forces magnétiques.*— (Lesigne, libraire, 40, galerie Vivienne.)

On trouve dans cet ouvrage les détails les plus singuliers et les plus intéressants sur les cartomanciennes de Paris. Sans être de tous points d'accord avec le spirituel et profond écrivain, nous recommandons son livre à nos lecteurs comme une œuvre de conviction et d'un puissant attrait.

Sermon sur le magnétisme (1).

Je crois fermement, sincèrem nt aux forces magnétiques

LACORDAIRE.

On était au mois de décembre de l'année 1846. Malgré l'épaisse couche de neige qui ouatait la terre, une foule nombreuse se pressait dans la vaste nef de Notre-Dame, avide d'entendre une parole inspirée résoudre éloquemment le grand problème de ses destinées éternelles. Bientôt tous les regards se fixèrent vers la chaire où venait d'apparaître le froc blanc de saint Dominique. Le capuchon rabattu laissait voir la tête rasée du prédicateur, homme au front élevé, à l'œil vif et inspiré, à la lèvre souriante et spirituelle, à la physionomie mobile et passionnée; tout assistant doué du sens de l'observation reconnaissait facilement en lui un apôtre possédé de cet

(1) Introduction tirée du *Monde occulte* d'Henri Delaage.

infini amour de la divinité qui sacre au front les prédestinés d'une auréole d'une céleste lumière : ce religieux était Lacordaire. Dès les premiers mots dits d'une voix grêle et vibrante, il domina les flots de la mer vivante, de têtes brunes et blondes qui baignaient le pied de la chaire, et les tint frémissants et ondoyants sous le souffle puissant de sa parole. C'était un beau spectacle pour le poëte que de voir cette réunion de jeunes gens venus de toutes les parties de la France à Paris, pour y étudier le droit ou la médecine, rassemblés dans une église et apprenant à braver les railleries d'une niaise impiété, et à porter noblement dans le monde un front qui ne rougira plus de servir Jésus-Christ. Lacordaire aborda, ce jour-là, en présence d'un auditoire aussi intelligent, une des questions les plus vivantes du dix-neuvième siècle, le magnétisme ; sans souci des attaques injustes auxquelles il s'exposait de la part des esprits arriérés, qui reprochaient déjà publiquement à sa parole de ne pas être semblable à celle de Bourdaloue, sans s'apercevoir que c'était eux qui avaient commis une faute irréparable, en venant au monde deux cents ans trop tard. Nous allons reproduire les éloquentes paroles qu'il prononça en cette solennelle occasion; car, nourris de l'esprit de notre siècle, pétris jusqu'à la moelle des os de ses idées, nous sommes soldats des mêmes dogmes, élus de la même vérité, fils de la même éternité; nous vivons, en un mot, du même cœur que l'illustre dominicain. Pleins de reconnaissance d'ailleurs pour les encouragements qu'il nous a toujours donnés avec affection et cordialité, nous nous faisons l'écho de sa parole, qui, rejaillissant sur nos armes comme ces cailloux lancés sur la surface des mers, ira, de bonds en bonds, portée par les flots des générations, conquérir des cœurs à notre frère et bien aimé sauveur Jésus-Christ. Il parla en ces termes :

« Les forces occultes et magnétiques dont on accuse le Christ de s'être emparé pour produire des miracles, je les nommerai sans crainte, et je pourrai m'en délivrer aisément, puisque la science ne les reconnaît pas encore et même les proscrit. Toutefois, j'aime mieux obéir à ma conscience qu'à la science. Vous invoquez donc les forces magnétiques : eh bien ! j'y crois sincèrement, fermement ; je crois que leurs effets ont été constatés, quoique d'une manière qui est encore incomplète et qui le sera probablement toujours, par des hommes instruits, sincères et même chrétiens ; je crois que ces phénomènes, dans la grande généralité des cas, sont purement naturels ; je crois que le secret n'en a jamais été perdu sur la terre, qu'il s'est transmis d'âge en âge, qu'il a donné lieu à une foule d'actions mystérieuses dont la trace est facile à reconnaître, et qu'aujourd'hui seulement il a quitté l'ombre des transmissions souterraines, parce que le siècle présent a été marqué au front du signe de la publicité. Je crois tout cela. Oui, Messieurs, par une préparation divine contre l'orgueil du matérialisme, par une insulte à la science qui date du plus haut qu'on puisse remonter, Dieu a voulu qu'il y eût dans la nature des forces irrégulières, irréductibles à des formules précises, presque incontestables par les procédés scientifiques. Il l'a voulu, afin de prouver aux hommes tranquilles dans les ténèbres des sens, qu'en dehors même de la religion, il restait en nous des lueurs d'un ordre supérieur, des demi-jours effrayants sur le monde invisible, une sorte de cratère par où notre âme, échappée un moment aux liens terribles du corps, s'envole dans des espaces qu'elle ne peut pas sonder, dont elle ne rapporte aucune mémoire, mais qui l'avertissent assez que l'ordre présent cache un ordre futur devant lequel le nôtre n'est que néant.

» Tout cela est vrai, je le crois ; mais il est vrai aussi que ces forces obscures sont renfermées dans les limites qui ne témoignent d'aucune souveraineté sur l'ordre naturel. Plongé dans un sommeil factice, l'homme voit à travers des corps opaques à de certaines distances ; il indique des remèdes propres à soulager et même à guérir les maladies du corps ; il paraît savoir des choses qu'il ne savait pas et qu'il oublie à l'instant du réveil ; il exerce par sa volonté un grand empire sur ceux avec lesquels il est en communication magnétique : tout cela est pénible, laborieux, mêlé à des incertitudes et des abattements. C'est un phénomène de vision bien plus que d'opération, un phénomène qui appartient à l'ordre prophétique et non à l'ordre miraculeux. On n'a vu nulle part une guérison subite, un acte évident de souveraineté. Même dans l'ordre prophétique, rien n'est plus misérable.

» LACORDAIRE. »

Phénomènes merveilleux de vision dans l'avenir et dans l'espace (1).

PAR ALPH. ESQUIROS.

Il n'entre pas dans nos intentions de raconter tous les faits magnétiques qui sont à notre connaissance. A plus forte raison négligerons-nous ceux qu'on peut trouver rapportés dans les livres. Il en est un toutefois, parmi les faits publiés, qui mérite un intérêt particulier à cause du beau nom scientifique auquel il se rattache. Nous voulons parler de ce qui advint au docteur Georget dans les salles de la Salpêtrière. Ce médecin, ayant fait l'essai sur la première femme venue qui se rencontra sous sa main, réussit à la plonger dans le sommeil lucide, et à la première question qu'il lui fit, cette femme manifesta sur son visage une vive douleur; elle fut prise ensuite de convulsions violentes qui ne se dissipèrent qu'avec le sommeil, dont

(1) L'auteur de ce remarquable article prépare en ce moment une histoire physiologique de Paris où le magnétisme sera traité avec le talent qui distingue le grand et profond écrivain.

le docteur Georget se hâta de la faire sortir. Le lendemain, nouvelles expériences, mêmes convulsions. Cette résistance de la somnambule ne faisait qu'exciter encore l'inquiétude et la curiosité du magnétiseur. Que voyait-elle donc qui l'agitait de la sorte? Georget l'endormit une troisième fois, bien résolu, ce jour-là, à arracher le secret des lèvres de cette femme. Les convulsions furent la suite immédiate de l'invasion du sommeil; mais, résolu à rompre le charme, le magnétiseur s'arma d'une volonté énergique. Les questions, les instances, les ordres les plus impératifs, rien ne fut épargné pour vaincre cet obstiné silence. Alors, au milieu des sanglots qui l'étouffaient et des larmes qui coulèrent avec abondance sur ses joues pâles, la somnambule s'écria qu'elle voyait le jour de sa mort prochaine. Ici, passant en revue le temps qui lui restait à vivre, elle en détailla minutieusement l'emploi : Le dimanche suivant je sortirai de la Salpêtrière pour aller dîner chez mes parents; vers le soir, je me sentirai incommodée; on me ramènera en voiture à la Salpêtrière; ma maladie, d'abord peu grave, deviendra plus inquiétante de jour en jour. La somnambule énumère avec une clairvoyance effrayante tous les symptômes, tous les accidents qui surviendront : tel jour elle aura la fièvre, tel autre jour le délire; la vessie sera frappée de paralysie à tel moment; enfin, déchirant tout-à-fait le crêpe qui couvre son triste avenir, elle annonce d'une voix affreusement prophétique le jour et l'heure précise où elle rendra le dernier soupir.

Georget, comme frappé de la foudre, maudit sa fatale curiosité qui lui avait fait porter la main à l'arche des mystères de la nature. Il s'arrête épouvanté, il fait sortir sa somnambule de ce terrible sommeil où il n'osa plus la replonger jamais. La malheureuse ne conserva à son réveil aucun souvenir de cette sinistre prédiction. On se garda bien de la lui révéler. Mais le plus sérieux est qu'elle tint parole. Cette femme sortit, en effet, de la Salpêtrière au jour indiqué, fut ramenée malade, en fiacre, eut la fièvre, le délire, la paralysie qu'elle avait dite, et succomba à l'heure qu'elle avait indiquée elle-même. Georget, accablé de stupeur et d'effroi, regarda en quelque sorte la mort s'avancer sur cette femme sans avoir la force de lui disputer sa proie. Une voix plus forte que celle de la science lui criait aux oreilles : C'est inutile, cette femme doit mourir ! Elle mourut. Il faut croire que cet événement et quelques autres faits magnétiques, rencontrés par lui, exercèrent une influence bien puissante sur l'esprit du docteur Georget, puisqu'ils lui firent rétracter dans son testament des erreurs anciennes qui devaient avoir à ses yeux, comme aux yeux de tant d'autres médecins, le privilége d'une ignorance péniblement acquise. « Je ne terminerai pas cette pièce, écrit-il lui-même, sans y joindre une déclaration importante. En 1821, dans mon ouvrage sur la physiologie du système nerveux, j'ai hautement professé le matérialisme.... A peine l'avais-je mis au jour que de nouvelles méditations sur un phénomène bien extraordinaire, le somnambulisme, ne me permirent plus de douter, en nous et hors de nous, d'un principe intelligent tout-à-fait différent des existences matérielles. Ce sera, si l'on veut, l'âme et Dieu. Il y chez moi, à cet égard, une conviction profonde fondée sur des faits que je crois incontestables. Peut-être un jour aurai-je le loisir de faire un travail sur ce sujet. »

Ce travail est encore à faire, car Georget mourut à la veille de le commencer.

Apologie du Magnétisme (1).

Les découvertes de la science moderne reculent chaque jour les limites du possible et ouvrent à l'intelligence humaine, à travers des horizons nouveaux, d'éblouissantes perspectives. Le génie de l'invention, guidant de sa main puissante le char du progrès, s'élance de conquête en conquête, et sur les ruines des vieux systèmes, des vieilles méthodes, des erreurs traditionnelles, des procédés incomplets et vicieux, des routines et des préjugés, il élève les impérissables monuments de sa fécondité et de sa grandeur. L'humanité, stupéfaite, assiste, incrédule encore, au merveilleux spectacle de ces transformations qui s'opèrent autour d'elle, et se demande si les nouveaux Titans, plus heureux que leurs aînés, parviendront à escalader l'Olympe et à ravir au Créateur les secrets de sa puissance !

En présence des faits accomplis et des résultats obte-

(1) C'est une séance donnée par Marcillet avec son excellent somnambule Alexis qui a inspiré cet article.

nus depuis moins d'un siècle, résultats qui étonnent l'imagination et confondent la raison, comment fixer un terme aux envahissements du génie de l'homme? Déjà il franchit la distance avec la vitesse de l'oiseau! Déjà la pensée humaine, ce rayon de l'âme, se transmet, rapide comme un rayon de soleil, à travers l'espace qu'elle dévore! La vapeur, l'électricité, ont réalisé les prodiges de ces contes merveilleux qui ont bercé notre crédule enfance. L'industrie, ce génie bienfaisant; la science, cette fée ingénieuse et libérale, enrichissent chaque jour de quelque nouveau talisman l'humanité reconnaissante!

Mais, fatalement soumis à la loi du progrès, l'esprit humain, insatiable et pacifique conquérant, marche, marche encore, marche toujours en avant. Il renverse les barrières qu'élève devant lui l'ignorance impuissante et jalouse; il dissipe, aux clartés de son magique flambeau, les ténèbres épaisses du doute incrédule; il côtoie sans trébucher les abîmes que l'erreur a creusés sur ses pas; il détruit les frontières resserrées dans lesquelles la réalité autrefois avait circonscrit son empire. Colomb nouveau, il pressent, il découvre des continents inexplorés, des régions inconnues dans le monde des idées; il les soumet à ses lois, il y plante son drapeau!

Aussi, déjà, comme une pléiade de splendides constellations, voyez briller aux avant-postes de l'humanité la majestueuse théorie des créations des temps modernes: la chimie décomposant la matière dans son magique creuset et la reconstituant de toutes pièces par ses ingénieux artifices! la physique désarmant la main toute-puissante qui tient la foudre, et paralysant les effets de ses redoutables carreaux! la médecine promenant dans les tristes débris de l'humanité matériel son scalpel investigateur et demandant à la mort les secrets de la vie! la physiologie soulevant le voile qui couvre les mystérieux ressorts de notre organisation si complexe, et formulant le code de ces lois, jadis inconnues, qui régissent chacun des phénomènes de la vitalité! l'astronomie s'élançant dans les plaines de l'infini, jusqu'aux limites de l'espace, et découvrant le principe immuable qui préside aux révolutions des mondes!

Qu'il est splendide et grandiose l'avenir que présagent à l'homme ces miraculeuses découvertes, filles de son intelligence, de son génie, de sa puissante volonté!... Sa VOLONTÉ, avons-nous dit. Oui; car voilà le secret de toutes ces merveilles! La volonté humaine, cette mystérieuse puissance trop longtemps méconnue, et, comme le diamant enfoui dans la mine, voilée par les ténèbres qui ont entouré l'enfance de l'humanité, la volonté humaine, brillant enfin d'un éclat plus vif, brisant ses liens et ses entraves, vient revendiquer la gloire de toutes ses conquêtes! Ne faut-il pas reconnaître enfin la grandeur du rôle que joue, depuis que le monde existe, cet agent puissant? N'est-ce pas la volonté, une volonté inébranlable et persévérante, qui a animé de loin en loin les esprits supérieurs dont les noms sont restés burinés en lettres d'airain dans les annales de l'humanité et qui leur a permis de réaliser ces vastes projets, ces immenses desseins, ces œuvres impérissables dont les générations les plus reculées garderont le souvenir? Les conquérants et les philanthropes, les philosophes et les savants, les réformateurs et les sages ont dû à leur volonté seule de pouvoir dégager leurs théories des sphères nébuleuses de l'abstraction pour les faire passer dans le monde positif des faits. La volonté humaine, cette puissance qui a dominé toutes les époques, qui a été l'élément de toutes les révolutions, doit être désormais considérée comme une force active, comme la force la plus active dont notre faiblesse dispose!

Quelle que soit la nature de ce principe qui enfante chaque jour les plus étonnants phénomènes, et qui par sa nature rentre dans les causes premières, comme celui de la lumière, de la chaleur, du mouvement, de la vie, ce principe existe; nous en trouvons des traces dans chacun de nos actes. C'est lui qui donne à notre bras le degré de force nécessaire pour soulever tel objet, tel fardeau. C'est lui qui donne à nos muscles telle ou telle puissance de contraction suivant les résistances que nous devons rencontrer! C'est lui qui donne aux éclairs qui jaillissent des yeux de l'homme courageux cet éclat fascinateur qui fait pâlir le lâche! C'est lui qui fonde les écoles et les religions en faisant passer dans les esprits des disciples les doctrines, ces manifestations saisissables de la volonté du maître! C'est lui qui, en politique, fonde les partis en réunissant dans un même faisceau mille volontés éparses qui subissent la loi d'une volonté suprême et supérieure. C'est lui qui range sur les champs de bataille d'innombrables bataillons qui se précipitent devant la bouche des canons pour le triomphe d'une idée que parfois ils ne comprennent pas, et cela parce qu'une volonté, contre laquelle se débattent en vain tous les intérêts de conservation de notre nature, leur a crié : « En avant! »

La science qui a pour objet l'étude et les applications de ce principe se nomme *magnétisme*. Elle a été définie par les savants qui se sont consacrés à son étude : « La manifestation de la faculté que possèdent tous les êtres organisés d'agir les uns sur les autres et chacun sur soi-même. »

La volonté est son moyen d'action comme la chaleur est le moyen d'action du calorique. C'est par la volonté, a dit un homme qui a beaucoup étudié le magnétisme, qu'on met en jeu le principe, qu'on l'envoie avec plus de force du centre aux extrémités, qu'on le dirige et qu'on imprègne le corps où l'on veut le fixer... Née depuis moins d'un siècle, cette science, qui contrariait tant d'idées reçues, a dû nécessairement soulever autour d'elle les clameurs de l'incrédulité, les défiances du scepticisme, les résistances de l'esprit de routine ; mais elle a eu aussi ses courageux prosélytes, ses ardents avocats, ses persévérants apôtres, et les hommes les plus recommandables par leur moralité, les plus inattaquables par leur position, les plus illustres par leurs lumières, n'ont pas redouté de la prendre sous leur patronage. Leurs noms seuls, l'existence de cette doctrine qui a survécu à tant d'attaques, suffisent pour écarter toute idée de compérage ou de supercherie.

Les dénégations de l'incrédulité reposent presque toutes sur des arguments qui ne peuvent soutenir le choc d'une discussion sérieuse. Bien loin de tenir compte aux magnétiseurs de leurs triomphes, ils leur opposent leur insuccès pour nier leur puissance. Le somnambule a pu, à travers une triple et épaisse enveloppe, ainsi que nous l'avons vu nous-même le faire, épeler les premières lettres d'un mot ;... pourquoi, vous objecteront-ils, ne peut-il lire le mot tout entier ? A nos yeux, il n'y a rien d'étrange à ce qu'il n'ait pu déchiffrer les dernières lettres ; mais qu'il ait pu lire les premières, voilà ce qui nous semble miraculeux ! Pourquoi, disent-ils, puisqu'il n'y a pas de secrets pour vous, pourquoi, au lieu d'aller de ville en ville moissonner de stériles triomphes, récolter de maigres recettes, ne pas découvrir des trésors, lire dans l'avenir le cours de la rente et vous enrichir à coup sûr, sans soucis, sans fatigue, sans mécompte?... Pourquoi? parce que cette science est encore au berceau, comme l'industrie il y a cent ans, avant les applications de la vapeur; parce qu'on ne peut se flatter, lorsque ceux qui la pratiquent en sont encore aux essais et aux tâtonnements, de l'appliquer toujours à tout avec le même succès. Thalès, qui vivait sept cents ans avant Jésus-Christ, découvrit et constata l'électricité comme une des propriétés de l'ambre; mais songeait-il à la bouteille de *Leyde?* Non, à coup sûr, et c'est deux mille cinq cents après lui que la science a songé à appliquer son principe à la transmission de la pensée de l'homme et que le premier télégraphe électrique a été établi! Cadmus, ce mythologique inventeur de l'écriture, avait-il pressenti la découverte de Guttemberg, qui donne à cet art de peindre la parole un si immense développement? N'y a-t-il pas un abîme entre le premier instrument à cordes, le *testudo*, cette œuvre informe d'un luthier primitif, qui, au moyen de quelques cordes tendues sur l'écaille d'une tortue, obtenait des sons sans harmonie, et les accords splendides d'un piano du XIXe siècle?

Pourquoi, vous objecte encore le sceptique, pourquoi le somnambule n'a-t-il pu répondre à mes questions, comme il a répondu à celles que vous lui avez adressées?... Pourquoi? parce qu'il y a entre votre incrédulité et lui ce jeu mystérieux des sympathies et des antipathies qui existe dans la vie ordinaire; parce que, à votre insu et malgré vous peut-être, votre désir de le mettre en défaut rayonne autour de vous, le trouble, le déconcerte, et obscurcit les yeux de son intelligence, comme la colère, l'impatience, font monter le sang au cerveau et font passer des éblouissements devant les yeux du corps! Prenez le causeur le plus spirituel, l'esprit le plus gai, le plus pétillant; placez-le au milieu d'une réunion dont il sera l'âme... on écoute ses saillies, on admire la forme heureuse de ses pensées, l'originalité de ses réparties, sa verve intarissable... Mais quel changement brusque vient de s'opérer en lui? Sa phrase est devenue traînante tout à coup; ses idées sont confuses et ne jaillissent plus avec netteté, les facettes de cet esprit chatoyant sont ternes, son débit est embarrassé et froid!... Pourquoi? parce que là-bas, à l'autre bout du salon, il a aperçu la physionomie d'un auditeur malveillant. En vain il veut détourner ses yeux, son attention, de cette figure antipathique : ils reviennent invinciblement s'y arrêter. Il a vu, à chacun de ses traits les plus heureux, un ironique sourire abaisser les coins d'une lèvre dédaigneuse; il a compris la critique muette de chacun de ces haussements d'épaules, imperceptible, mais impitoyable; enfin il voit l'*ennemi* se baisser pour murmurer tout bas, à l'oreille de son voisin, quelque sinistre épigramme sans doute! Dès lors il n'y tient plus, il divague, il balbutie, il s'embarrasse, il se déconcerte; le talisman est brisé, le charme est rompu, la verve est tarie : adieu le succès! L'influence magnétique de l'auditeur malveillant l'emporte! Ainsi du somnambule, qui, dans le sommeil magnétique, est mille fois plus irritable, plus susceptible, plus impressionnable que l'organisation la plus timide, la plus nerveuse, la plus délicate dans l'état de veille.

Comment se fait-il que les effets du magnétisme rencontrent tant d'incrédules, quand il faut bien admettre des faits semblables et tout aussi extraordinaires, observés chez des somnambules naturels? Leur état est un phénomène naturel, dit-on, mais ne peut être produit par la fixité du regard, la tension de la volonté, les passes, en un mot, des magnétiseurs. Pourquoi? La science n'a-t-elle pas prouvé en mille circonstances qu'elle avait surpris à la nature le secret de ses procédés? Les narcotiques ne produisent-ils pas le sommeil? Ne peut-on pas, avec l'électricité, produire les effets de la foudre? Ne sait-on pas qu'au moyen de certaines substances on peut développer chez l'homme le plus robuste et le mieux portant des symptômes de la fièvre, de l'épilepsie de la folie? Esprits stationnaires, intelligences indolentes, ne niez pas le progrès quand tout marche autour de vous! Ne niez pas ce que votre cerveau étroit et faible ne saurait ni embrasser, ni concevoir.

Il y a dans l'âme de l'homme une disposition continuelle qui le porte à s'élancer au delà de la sphère dans laquelle sa nature l'a enfermé. Un besoin contre lequel il voudrait vainement lutter le pousse sans cesse vers de nouvelles découvertes; peut-être les vagues souvenirs de son origine le dominent à son insu, et son âme, travaillée par une inquiète curiosité, s'élance sans trève et sans repos vers cette lumière qui éclaire les mystères de sa nature, et dont ses yeux éblouis démêlent confusément quelques rayons! Le magnétisme répond à ce besoin, à ces inspirations. Peut-être en est-il de l'humanité comme de l'individu; peut-être sa raison parcourt-elle lentement ses premières phases avant d'arriver à sa virilité, et peut-être que l'intelligence éternelle qui nous a créés a voulu ne faire éclore ce principe nouveau que lorsque l'esprit humain, qu'il devait compléter, mûri par le long travail des générations, serait assez fort pour cueillir sans danger ce fruit de l'arbre de la science.

C'est à ce point de vue que quelques lignes ont été écrites par un *Croyant*, dont la foi ne s'appuie ni sur les livres, ni sur des faits observés ; car une seule fois, et il y a de cela bien des années, il a parcouru un ouvrage qui traitait du magnétisme ; une seule fois il a été le spectateur de ses étonnants phénomènes, et pourtant il croit, parce qu'il rêve que chaque génération qui s'écoule rapproche l'humanité de la *perfection*, qui est sa fin et son but. Cette théorie est un gouffre pour notre raison encore ignorante ; mais, comme tous les gouffres, elle nous fascine, nous donne le vertige et nous entraîne fatalement au fond de ses abîmes !

B. GAFFNEY,

Rédacteur en chef du *Journal du Havre*.

Défense du Magnétisme (1).

Nous avons quelque peine à nous défendre d'un sentiment de tristesse en abordant cette discussion. Il y a, en effet, quelque chose d'humiliant à être contraint de prendre la plume pour établir l'innocuité légale de vérités physiques, appuyées sur des expériences nombreuses, irrécusables. Au moyen âge, alors que le voile d'une superstition générale obscurcissait toutes les intelligences, on poursuivit comme sorciers, comme magiciens, les hommes de science qui arrachaient à la nature ses mystérieux secrets; nous le comprenons aujourd'hui. Mais parce que nous le comprenons, parce que nous le déplorons, nous sommes en droit de nous étonner, de nous affliger surtout, de voir, en plein dix-neuvième siècle, après tant d'éclatantes controverses, tant de travaux approfondis, tant de lumières profusément répandues sur ces grandes et vitales questions, l'esprit de routine et d'erreur conserver les hautes positions et triom-

(1) Ces magnifiques paroles sont extraites d'un Mémoire en faveur du magnétiseur Mongruel composé par Jules Favre.

pher de ce qui semble le moins attaquable, nier l'évidence de faits que les plus humbles comme les plus éminents peuvent vérifier. Hâtons-nous de le dire, la faute en est surtout aux corps savants qui, attachés aux vieilles méthodes, intéressés à proscrire toute nouveauté, élèvent systématiquement une infranchissable barrière à toute idée qui vient troubler leur repos académique. Les lignes suivantes, écrites, il y a plus de soixante ans, par un homme d'une haute intelligence, seront donc toujours vraies :

« L'esprit a ses habitudes, comme le cœur ; et l'esprit » ne renonce pas plus à ses habitudes que le cœur. Les » habitudes de l'esprit sont ses opinions; elles sont plus » ou moins profondes, selon qu'il les a plus ou moins » travaillées, selon qu'elles se composent d'une plus ou » moins grande quantité d'idées. Une opinion fondée sur » l'examen et le rapprochement de beaucoup d'objets, » une opinion qui ne peut être ébranlée, sans que dans » la tête qui l'a reçue une foule d'opinions secondaires » ne s'ébranlent avec elles, a presque toujours une force » qu'il est impossible de détruire.

» Or, les savants travaillent plus, en général, leurs » opinions que les autres hommes et mettent ensemble » pour les composer une plus grande masse de réflexions » et d'idées. Leur esprit a donc des habitndes plus pro- » fondes, plus difficiles à détruire; à l'apparition d'un » nouveau système, ils ont pour l'adopter plus de préju- » gés à vaincre. . . . .

» C'est à tort qu'on se persuade que, tolérants et avi- » des de vérités, les savants accueillent sans envie » l'homme de génie qui vient leur ouvrir dans le domaine » des sciences des routes inconnues.

» Ce ne sont pas des ignorants, comme on affecte de
» le dire aujourd'hui, mais des savants, mais des hom-
» mes en possession, dans leur siècle ou leur pays, de
» distribuer l'estime publique et de faire la renommée,
» qui se sont élevés contre Christophe Colomb, annon-
» çant un monde nouveau; contre Copernic, publiant le
» vrai système des cieux ; contre Harvey, démontrant la
» circulation du sang. Ce sont les savants qui ont creusé
» le cachot de Galilée, qui ont dirigé contre Ramus les
» poignards du fanatisme, qui ont laissé mourir Képler
» dans la pauvreté, qui, montrant à Descartes des bû-
» chers allumés, l'ont contraint de sortir de sa retraite,
» pour aller sous un ciel rigoureux chercher une mort
» prématurée. Ce sont des savants qui dans des temps
» plus reculés ont préparé le poison de Socrate, et forcé
» le philosophe de Stagyre à se soustraire par un exil
» volontaire à une destinée semblable (1). »

Ces tristes mais trop justes rapprochements ne doivent-ils pas nous apprendre que pour éviter toute erreur, pour ne pas compromettre la justice et la loi par le servage d'opinions que la passion peut dicter, la magistrature doit emprunter ses éléments de décision à l'autorité des faits, de l'expérience, et surtout aux lumières de sa haute raison, aux inspirations élevées de son indépendance?

Et néanmoins, au milieu de toutes les preuves que nous pourrions accumuler, nous avons préféré celles qui se puisent dans le témoignage même des hommes les moins suspects, les plus enclins à les nier et à les combattre. C'est parce que les savants ont résisté avec plus

(1) *Considérations sur le magnétisme animal*, par Bergasse, La Haye, 1784.

de vigueur, que nous laisserons parler les savants; c'est parce que les médecins ont un intérêt plus direct à révoquer le magnétisme en doute, que nous nous appuierons principalement sur les déclarations positives des médecins, évitant ainsi de nous engager dans les régions brillantes de la philosophie, et sacrifiant l'éclat des développements à la clarté didactique des démonstrations.

Le magnétisme, principe de vie, essence éthérée répandue par le Tout-Puissant dans la nature entière, se confondant avec la lumière, avec la chaleur, avec l'électricité, agissant en nous, hors de nous, à notre insu, se développant sous l'influence de causes morales ou d'accidents pathologiques, n'est nié par aucun de ceux qui ont pris la peine d'étudier les phénomènes du monde extérieur. Tout le monde sait aussi, nous pourrions dire tout le monde *sent* qu'il existe en nous une force latente, et en quelque sorte divine qui nous anime, et qu'il dépend de notre volonté de manifester et de propager. L'action qu'un homme intelligent et résolu exerce sur son semblable par son attitude et son regard, l'ascendant et l'attrait irrésistible qui réunissent et confondent deux êtres sympathiques l'une à l'autre, le soulagement physique causé à certains malades par la présence d'une personne aimée, par l'application de la main sur une partie souffrante, sont des faits vulgaires chaque jour observés, constatés, et qui renferment en eux l'application de la grande loi en vertu de laquelle la création se conserve, se perpétue dans une harmonie universelle.

Car nous embarrasserions probablement très-fort le sceptique dédaigneux qui traite le magnétisme et le somnambulisme de chimères en lui demandant : pourquoi, lorsque l'enfant éprouve une légère douleur, sa mère le calme en le rapprochant de sa joue et de son sein; pourquoi une crise de névralgie fixée au front ou à un membre disparaît souvent par la seule pression de la main?

L'un de ces simples faits est aussi complexe, aussi plein d'enseignement que les phénomènes en apparence les plus prodigieux.

Il nous serait facile de démontrer, l'histoire à la main, et en remontant aux époques les plus reculées, que le magnétisme fut connu et mis en pratique chez les peuples de l'antiquité. La tradition qui fait sortir la médecine des temples est la consécration de cette vérité : « Hippocrate » naquit à Cos, île de la mer Égée, consacrée à Esculape, » qui y avait un temple fameux; les membres de sa famille exerçaient comme un double sacerdoce dans le » temple de ce dieu, en desservant les autels et en soignant les malades. Dans cette famille, le fils héritait de » la tradition orale des cures opérées par ses aïeux, » cures attestées par les offrandes ou tablettes votives et » par des recueils précieux d'observations écrites. Le » moyen qu'Hippocrate employait le plus souvent, soit » pour la conservation de la santé, soit pour la guérison » des maladies, était *les frictions de la peau.* »

L'imposition des mains, si fort en usage chez les Égyptiens et les populations de l'Asie, les oracles, les consultations des sibylles, les cures miraculeuses produites par un grand nombre de prêtres, de philosophes, d'hommes de toutes conditions même, dont la postérité a gardé le souvenir, n'étaient que des opérations magnétiques, diversifiées suivant les connaissances ou l'intérêt de ceux qui les mettaient en pratique. Les écrits des savants du moyen-âge attestent aussi que ce principe n'a pas cessé d'être transmis par les études et les méditations de tous les hommes qui se sont occupés de sciences naturelles. Mais c'est principalement vers la fin du XVIIIe siècle que, grâces aux travaux d'un esprit supérieur, doué d'une grande fermeté, d'un amour passionné de la vérité, les observations relatives au magnétisme acquirent une éclatante notoriété, que son utilité thérapeutique fut mise en lumière, et que, les persécutions des corps officiels aidant, il prit définitivement possession du domaine intellectuel, où il n'a fait depuis que grandir et se fortifier.

Ce fut vers l'année 1772 que Mesmer, médecin à Vienne, membre de la faculté de cette capitale, fut conduit par une série d'expériences minutieuses à proclamer l'existence d'un agent, d'un fluide universel qu'il nomma magnétisme et dont il étudia les merveilleuses propriétés. Ce fluide, capable de se dégager et de se transmettre, devenait surtout un agent très-efficace de guérison dans une foule d'affections sur lesquelles la médecine demeurait impuissante. Mesmer, encouragé d'abord par le baron de Stoën, premier médecin de l'empereur, fut bientôt rebuté, et invité *à ne pas compromettre la Faculté par une innovation de ce genre*. Vainement implora-t-il comme une grâce la faveur de faire des expériences et de traiter des malades; vainement produisit-il des exemples de cures extraordinaires, notamment celle d'une jeune fille aveugle: toutes les portes lui furent fermées. Ses confrères l'accablèrent d'injures, le traitèrent de visionnaire et d'insensé. Craignant la persécution des hommes influents qui avaient déchaîné l'opinion contre lui, justement dégoûté par l'obstination de ceux qui persistaient à le condamner sans vouloir le juger, il prit le parti d'abandonner sa patrie et de venir en France.

Comment cette pensée ne se serait-elle pas présentée à lui ? La France de Montesquieu, de Voltaire, des encyclopédistes, ne devait-elle pas sembler le port fortuné où pouvaient aborder sans crainte tous les novateurs, où les philosophes, les expérimentateurs devaient rencontrer toutes les hardiesses d'un examen indépendant ? Mesmer était très-excusable de la juger ainsi. Mais il ne savait pas que cette nation allie à un amour extrême des nouveautés, un penchant irrésistible à la raillerie, une disposition générale à se dégoûter très-vite de ce qu'elle a entreprise pour retourner à ses vieilles routines. Il avait également compté sans la douane des facultés et des académies. Ces corps savants sont institués pour donner à la science un puissant essor ; en réalité, ils s'attachent à l'immobiliser. Tous s'imaginent avoir touché aux colonnes d'Hercule, et jettent l'anathème à quiconque veut aller au-delà. On écrirait une triste et curieuse histoire, en racontant toutes les persécutions qui ont été dirigées contre l'esprit d'invention par ces gardiens du passé. Mesmer avait cru avoir à se plaindre des savants autrichiens, il vit bientôt qu'ils étaient les mêmes dans tous les pays, et qu'en France, où les préjugés paraissaient plus sérieusement combattus que partout ailleurs, on était sûr d'échouer quand, sans pouvoir flatter les passions, on apportait une vérité utile bouleversant les habitudes et les intérêts des hommes en crédit.

Il faut lire dans les ouvrages du temps le récit de toutes les tribulations qu'il eut à surmonter. Dès son arrivée, les malades de toutes conditions affluèrent chez lui. Le bruit de ses cures et de ses étranges procédés agita tout Paris; jamais homme n'eut une vogue semblable. Ce n'était pas là ce qu'il avait cherché ; il voulait avant tout faire subir à sa découverte le contrôle des hommes spéciaux. Quelques-uns l'accueillirent avec bonté, la plupart l'éconduisirent ; mais aucun ne voulut prendre au sérieux ses propositions. Après trois années de fatigues, de luttes quotidiennes, de démarches stériles, il crut avoir déterminé l'Académie des sciences à examiner sa méthode et ses cures. Au dernier moment il n'essuya que des refus. La Faculté de médecine se montra plus intolérante encore ; il lui offrit de soigner des malades qui lui seraient donnés ; elle n'accepta pas cette expérience. Alors, abandonnant Paris et sa clientèle, il se retira au village de Creteil, emmenant avec lui des malades qu'il traitait publiquement. Au bout de deux mois, il écrivit à la Faculté, qui refusa de nommer une commission chargée de vérifier ses cures ; Mesmer les fit attester par des témoignages. Il écrivit un livre éloquent, profond et amer, où il se plaignit avec une véhémence bien naturelle de l'indifférence et de l'aveuglement des hommes de science. Abreuvé de dégoûts, il se préparait à quitter la France, lorsque ses malades s'émurent et présentèrent une supplique à la reine, qui lui fit enjoindre de rester. Par l'intermédiaire d'un ministre, elle lui fit offrir une somme d'argent considérable, un château pour établir un hospice, une riche pension pour qu'il continuât l'application de sa métbode. Mesmer rejeta toute espèce d'avantage pécuniaire, mais il demanda avec empressement qu'une commission vérifiât les faits qu'il annonçait. C'est ainsi qu'il fallut l'intervention de l'autorité publique pour triompher de la résistance des corps savants.

Mais déjà la passion s'était prononcée. Au milieu de ses détracteurs systématiques, dont l'ardeur ne faisait que s'accroître par l'engouement de la ville, Mesmer avait rencontré un homme courageux, indépendant, qui avait hautement pris son parti. M. Deslon, l'un des directeurs de la Faculté, premier médecin du comte d'Artois, frappé des effets extraordinaires du magnétisme, l'avait étudié et défendu. Il eut l'audace d'exposer dans un mémoire remarquable les faits nombreux dont il avait été le témoin et ceux que lui-même avait provoqués. L'indignation du corps médical fut au comble ; un membre de la Faculté fut chargé de dresser un réquisitoire en règle ; il accomplit sa mission avec un zèle fanatique. M. Deslon y répondit en appuyant ses arguments sur des expériences. La Faculté lui laissa à peine la liberté de parler, puis elle rendit contre lui (le 10 décembre 1780) un décret par lequel on lui enjoignait d'être plus circonspect à l'avenir et le rayait du tableau des membres de la Faculté. Les propositions de Mesmer étaient rejetées par la même décision.

Il y avait donc contre Mesmer un jugement prétendu solennel et scientifique, lorsque les commissaires nommés par le gouvernement commencèrent leur examen ; il est difficile de croire qu'ils aient échappé à la prévention que ce précédent faisait naître dans leur esprit. Aussi, au lieu d'étudier le magnétisme dans la pratique de Mesmer, ils se contentèrent de se rendre chez M. Deslon et d'y observer très-superficiellement les procédés mis en usage par ce médecin. Ils refusèrent positivement de suivre les traitements, remarquant avec une singulière naïveté : « que » les guérisons ne signifiaient rien en médecine ; » et, rédigeant leur rapport après une investigation si incomplète, ils condamnèrent le magnétisme, « comme n'existant » pas, car il échappe à tous les sens. » Ils ajoutèrent « que l'imagination, l'attouchement, sont les seules vraies

» causes attribuées au magnétisme animal; par consé-
» quent, tout traitement public où les moyens du magné-
» tisme sont employés, ne peut avoir à la longue que des
» effets funestes, et d'ailleurs le traitement des maladies
» ne peut fournir que des résultats toujours incertains,
» souvent trompeurs. »

Et cependant, les commissaires, dans le cours de leur travail, avaient consigné cet aveu précieux : « Rien
» n'est plus étonnant que ce spectacle; quand on ne l'a
» pas vu, on ne peut s'en faire une idée, et en le voyant
» on est également surpris et du repos profond d'une
» partie de ces malades et de l'agitation qui anime les
» autres, et des accidents variés qui se répètent, des
» sympathies qui s'établissent. On voit des malades se
» chercher exclusivement, et en se précipitant l'un vers
» l'autre, se sourire, se parler avec affection et adoucir
» mutuellement leurs crises. *Tous sont soumis à celui qui*
» *les magnétise; ils ont beau être dans un état d'assou-*
» *pissement apparent, sa voix, un regard, un signe les*
» *en retire. On ne peut s'empêcher de reconnaître à ces*
» *effets constants une grande puissance qui agite les ma-*
» *lades, les maîtrise, et dont celui qui magnétise semble*
» *être le dépositaire.* »

Ces déclarations capitales se concilient difficilement avec la négation de l'agent magnétique et de ses effets, avec l'anathème général, absolu, prononcé contre tout traitement dont le magnétisme est la base. Ces contradictions, cette inexorable rigueur ne peuvent s'expliquer que par la sentence déjà fulminée au nom de la Faculté. Entrés dans cette voie de proscription contre une nouveauté alarmante, les corps savants ne pouvaient plus reculer; ils étaient tous solidaires les uns des autres : mieux valait sacrifier d'utiles vérités que de porter atteinte au crédit de vénérables compagnies.

Il se rencontra pourtant dans le sein de la commission un homme considérable par la science, par l'autorité de son caractère, par sa fermeté courageuse, qui refusa de s'associer à cette condamnation. M. de Jussieu ne se borna pas à décliner la responsabilité du jugement, il prit la plume pour le discuter, et dans une brochure qui passionna tout Paris, il soutint l'existence et les effets merveilleux du fluide magnétique.

Ainsi cette grande épreuve n'avait rien résolu. Elle entraînait le vulgaire par l'ascendant d'une décision officielle et laissait en suspend les esprits sérieux et réfléchis. Mesmer quitta la France ; peu après éclatèrent les orages politiques. La science ne pouvait se développer au sein de la tourmente révolutionnaire. Ce n'était pas lorsque la nation entière était absorbée par la lutte engagée entre la bourgeoisie et la royauté, encore moins quand des convulsions terribles déchiraient le pays, que des savants paisibles pouvaient chercher dans l'opinion publique le point d'appui sans lequel aucun progrès n'est possible. Mais aussitôt que le calme fut rétabli, les études, les observations, les discussions recommencèrent. Pendant son séjour en France, Mesmer avait conquis un grand nombre d'adeptes dans la classe la plus intelligente et la plus élevée de la société. Repoussé par les Facultés, il avait rencontré quelques cœurs généreux qui s'étaient attachés à lui. Une association s'était formée pour étudier son système en le récompensant dignement de ses efforts. Bornée d'abord à cent personnes, elle vit s'accroître de beaucoup le chiffre des souscripteurs. MM. de Puységur, Kornmann, Bergasse, le Bailli Desbarres, le père

Gérard, supérieur de la Charité, étaient à la tête. M. le marquis de Lafayette, le marquis de Tissard, le comte Davaux, M. de Prat, conseiller au parlement de Bordeaux, M. Duval Despréménil, conseiller au parlement de Paris, M. Tardy de Montravel, M. Fournel, les docteurs Deslon, Douglé, Nicolas, furent aussi des propagateurs ardents et dévoués du magnétisme. Dès 1784, MM. de Puységur avaient appelé l'attention publique sur leurs curieuses expériences dans leur terre de Busancy. Doués d'un caractère supérieur, adonnés par leur bonté naturelle et par leurs principes religieux aux actes de bienfaisance les plus délicats, possesseurs d'une grande fortune, ces adeptes du magnétisme ne pouvaient inspirer aucune méfiance, et quand ils proclamaient les cures merveilleuses obtenues sur les gens de leur village, quand ils en cherchaient les témoins parmi les hommes les plus incrédules, ils méritaient la justice éclatante que leur rendait, le 13 juin 1784, M. le professeur Cloquet dans un document devenu public.

« M. de Puységur, que je nommerai dorénavant *le* » *Maître*, choisit entre ses malades plusieurs sujets que, » par attouchement de ses mains et présentation d'une » verge de fer, il fait tomber en crise parfaite. *Le com-* » *plément de cet état est une apparence de sommeil pen-* » *dant lequel les facultés physiques paraissent suspen-* » *dues, mais au profit des facultés intellectuelles. On a* » *les yeux fermés; le sens de l'ouïe est nul; il se réveille* » *seulement à la voix du maître.* Il faut bien se garder » de toucher le malade en crise, on lui causerait des an- » goisses, des convulsions que le maître seul peut calmer.

» Ces malades en crise, qu'on nomme médecins, ont » la faculté, en touchant un malade qui leur est présenté,

» en portant la main même par dessus ses vêtements, de
» sentir quel est le viscère affecté, la partie souffrante ; ils
» déclarent et indiquent à peu près les remèdes convena-
» bles. Je me suis fait toucher par un de ces médecins : c'est
» une femme d'à peu près cinquante ans. Je n'avais certai-
» nement instruit personne du genre de ma maladie. Après
» s'être particulièrement arrêtée à la tête, elle me dit que
» j'en souffrais souvent et que j'avais habituellement un
» grand bourdonnement dans les oreilles ; ce qui est très-
» vrai. Un jeune homme, spectateur incrédule de cette
» expérience, s'y est soumis ensuite, et il lui a été dit qu'il
» souffrait de l'estomac, qu'il avait des engorgements dans
» le bas-ventre, et cela depuis une maladie qu'il a eue il
» y a quelques années ; ce qu'il nous a confessé être con-
» forme à la vérité. Non content de cette indication, il a été
» sur-le-champ se faire toucher par un autre, qui lui a dit
» la même chose. *Je n'ai jamais vu de stupéfaction pa-*
» *reille à celle de ce jeune homme, qui certes était venu*
» *pour contredire, persifler, et non pour être convaincu.*
» Une singularité non moins remarquable, c'est que ces
» médecins, qui, pendant quatre heures, ont touché des
» malades, ont raisonné avec eux, ne se souviennent de
» rien, de rien absolument, lorsqu'il a plu au maître de
» les désenchanter, de les rendre à leur état naturel. Le
» temps qui s'est écoulé depuis leur entrée dans la crise
» jusqu'à leur sortie, est, pour ainsi dire, nul au point
» que si l'on présente une table servie à ces médecins en-
» dormis, ils mangent, boivent ; et si, la table desservie,
» le maître les rend à leur état naturel, ils ne se sou-
» viendront pas avoir mangé. Le maître a le pouvoir non-
» seulement, comme je l'ai déjà dit, de se faire entendre
» de ces médecins en crise, mais, *et je l'ai vu plusieurs*

» *fois de mes yeux bien ouverts*, je l'ai vu présenter de » loin le doigt à l'un de ces médecins toujours en crise, » et dans un état de sommeil spasmodique, *se faire suivre* » *partout où il a voulu, ou les envoyer loin de lui, soit* » *dans leur maison, soit à différentes places qu'il désignait* » *sans leur dire.* »

Nous avons cité avec une certaine étendue le témoignage si remarquable de M. Cloquet, parce qu'il constate les phénomènes si curieux, si peu explicables du somnambulisme magnétique, au début même des premières observations, qui lui donnèrent une grande notoriété. D'après la doctrine des premiers juges, cette puissance magnétique, exercée par un homme sur d'autres hommes, qui met sa pensée en communication avec la leur, sans le secours de nos sens, est une pure chimère, et cependant voici cette chimère attestée comme une réalité par un savant considérable, venu à Busancy incrédule, y acquérant la conviction qu'il a le courage et la loyauté de formuler publiquement, et si un doute sur la sincérité de ceux qu'il contrôle subsistait encore, laissons-lui le soin de le lever, car il termine son long mémoire par ces réflexions pleines de justesse :

« Pendant que j'observais le spectacle le plus satisfaisant que j'aie jamais vu, j'entendais souvent prononcer » le mot de charlatanisme, et je me disais : il est possible » que deux jeunes gens légers, inconséquents, arrangent, » pour une seule fois, une scène convenue d'illusions, de » tours d'adresse, et fassent des dupes dont ils riront ; » mais on ne me persuadera jamais que deux hommes » qui ont été élevés avec le plus grand soin par un père très-» instruit, honoré dans sa province par ses talents et ses » qualités personnelles, qu'il a transmises à ses enfants ;

» on ne me persuadera jamais que dans l'âge de la bonne » santé, des jouissances, dans leur terre, où ils viennent » se délasser dans la plus belle saison de l'année, on ne » me persuadera jamais, je le répète, et on ne le persua- » dera à aucun homme raisonnable, que MM. de Puysé- » gur, pendant un mois de suite, abandonnent leurs af- » faires, leurs plaisirs, pour se livrer à l'ennui répété de » dire et de faire pendant toute la journée des choses de » la fausseté et de l'inutilité desquelles ils seraient inté- » rieurement convaincus. Cette continuité de mensonges » et de fatigues répugne non-seulement à la nature, mais » au caractère connu de ces messieurs.

» Je concevrais plutôt que M. Mesmer (si je pouvais » mal augurer de la véracité d'un homme capable de » faire une grande découverte, et qui, d'ailleurs depuis » plusieurs années, a été observé par des yeux clair- » voyants) s'asservît à la fastidieuse répétition d'expé- » riences fausses et mensongères, parce qu'on pourrait » supposer que M. Mesmer a quelque intérêt à le faire. » Mais MM. de Puységur, quel serait l'intérêt qui les » ferait agir? Il n'est besoin que de les voir au milieu de » leurs malades, pour demeurer persuadés de leur con- » viction intérieure et de la satisfaction qu'ils éprouvent » en faisant un usage utile de la doctrine aussi intéres- » sante que sublime qui leur a été révélée. Demandez à » tous les malheureux qui sont venus implorer les secours » du seigneur de Busancy, ils vous diront tous: Ils nous » a consolés, il nous a guéris; plusieurs d'entre nous » manquaient de pain; nous n'osions pas réclamer sa » bienfaisance; il nous a devinés, il nous a assistés: c'est » notre père, notre libérateur, notre ami. »

Telles sont les sources nobles et pures de la science

aujourd'hui présentée et condamnée en police correctionnelle comme *constituant l'escroquerie au plus haut degré!* Si MM. de Puységur vivaient encore, s'ils avaient l'audace de se livrer à ces pratiques réprouvées, de se faire adorer de leurs concitoyens, de les soulager, de les guérir surtout, le ministère public ne manquerait pas de les troubler dans le pieux exercice de leur art, et s'il ne les poursuivait pas comme escrocs, il demanderait contre eux une condamation sévère, au nom de la Faculté de médecine outragée! Eh bien, sans se placer sous l'égide des mêmes vertus, du même rang, de la même fortune, les prévenus ont fait ce qui valait à MM. de Puységur l'admiration et la reconnaissance; ils ont tiré une rémunération permise, et dans le grand nombre de ceux qu'ils ont secourus, il leur est facile de rencontrer des témoins venant attester que, soulageant gratuitement bien des misères, ils n'ont pas toujours été indignes des exemples laissés par leurs illustres devanciers!

Les germes de la science magnétique avaient été déposés dans de trop hautes intelligences pour que l'oubli dédaigneux du vulgaire ou les railleries intéressées de ses ennemis pussent l'étouffer. L'étude solitaire et patiente, les observations de plus en plus précises firent peu à peu des conquêtes nouvelles, et lorsqu'en 1813 le savant et vertueux Deleuze publia son *Histoire du magnétisme animal*, l'opinion était déjà préparée à recevoir favorablement les affirmations contenues dans ce beau travail. Il souleva naturellement de bruyantes tempêtes dans le corps médical. Mais cette controverse, poussée jusqu'à la passion et à l'injure, ne fit qu'accroître la renommée de l'auteur et le nombre de ses partisans.

En 1819, le docteur Bertrand, ancien élève de l'école

polytechnique, ouvrit des conférences publiques sur le magnétisme animal. Les étudiants s'y portèrent en foule, et les doctrines dont ils entendirent le développement leur parurent assez sérieuses pour qu'ils priassent un de leurs professeurs, M. Husson, d'expérimenter le traitement magnétique.

Dans le même temps, M. Bossen, médecin, parlait à l'Hôtel-Dieu, en présence de M. Husson, de la guérison d'un sciatique et de celle d'un cholérique opérées par le magnétisme sous la direction de M. le docteur Desprez.

Il n'en fallait pas tant pour déterminer l'illustre maître à s'affranchir des préventions du corps auquel il appartenait, et à marcher avec indépendance et loyauté au-devant d'une vérité nouvelle. Un étudiant en médecine, grand magnétiseur aujourd'hui, M. Du Potet, s'offrit à faire les expériences. On choisit une jeune malade sur laquelle la médecine avait épuisé ses dernières ressources. Les expériences faites en présence de médecins qui ont signé les procès-verbaux constatent non-seulement la guérison de la malade, mais encore l'action extraordinaire, inexplicable d'après les règles accoutumées, exercée par le magnétisme. Résignons-nous encore, au risque d'être fastidieux, mais pour ne rien alléguer sans en fournir la preuve, à transcrire le procès-verbal de la dixième séance :

« Nous étions tous réunis ; la malade n'était point en-
» core arrivée. M. Husson me dit (c'est l'expérimenta-
» teur qui tient la plume) : Vous endormirez la malade
» sans la toucher et très promptement. Je voudrais que
» vous obtinssiez le sommeil sans qu'elle vous vît et qu'elle
» fût prévenue de votre arrivée ici. Je répondis que j'a-
» vais agi ainsi plusieurs fois pour m'assurer de l'existence

» d'un fluide agent des phénomènes magnétiques, et pour
» l'opinion de ceux qui veulent attribuer ces effets extra-
» ordinaires à l'imagination. J'ajoutai que je n'étais pas
» sûr du succès, parce *que l'action à distance, à travers*
» *des corps intermédiaires*, dépendait de la susceptibilité
» de l'individu, que cependant je me ferais un plaisir d'es-
» sayer ce qu'il désirait.

» Nous convînmes d'un signal que je pourrais enten-
» dre. M. Husson, qui tenait alors des ciseaux à la main,
» choisit le moment où il les jetterait sur la table. On
» m'enferma dans un cabinet pratiqué dans la pièce,
» fermée par une forte cloison en chêne. On fit venir la
» malade; on la plaça le dos tourné à l'endroit qui me
» recélait et à deux pieds de distance. On s'étonna avec
» elle de ce que je n'étais pas encore arrivé; on conclut
» de ce retard que je ne viendrais peut-être pas; que
» c'était mal à moi de me faire ainsi attendre; enfin on
» donna à mon absence prétendue toutes les apparences
» de la réalité. Au signal convenu, quoique je ne susse
» pas où et à quelle distance était placée mademoiselle S..,
» je commençai à la magnétiser: trois minutes après elle
» était endormie, et dès le commencement de ma vo-
» lonté agissante, on la vit se frotter les yeux, faire des
» bâillements et finir par tomber rapidement dans son
» sommeil somnambulique ordinaire. M. Bricheteau la
» questionna, elle ne lui répondit pas. On m'ouvre la porte
» quelques minutes après. Je lui demande: Dormez-vous?
» —Oui.—Qui vous a endormie? — C'est vous. —Mais
» je n'étais pas là. — Je ne sais pas où vous étiez. M. Bri-
» cheteau me lance de loin un bassin de cuivre qui passe
» très-près d'elle et va frapper un carreau avec un son
» bruyant; on remarque un léger tressaillement dans les

» paupières de la malade, à peu près comme quand on
» agite la main devant les yeux de quelqu'un qui sort du
» sommeil naturel. Je lui demande si elle a entendu du
» bruit, elle me répond que non. Avant de la réveiller à
» l'heure par elle précisée, ce dont j'ai toujours grand
» soin de m'informer à l'avance, je lui demande, si lors-
» qu'elle sera éveillée elle se souviendra que je l'ai endor-
» mie. — Non, a-t-elle répondu. Effectivement, éveillée
» du cabinet où j'étais rentré et d'où je ne suis pas sorti
» devant elle, elle n'a pas même voulu croire qu'elle eût
» dormi. »

Signé : Barenton, Barrat, Bergeret, Bertrand, Boissat, Bougery, Bouviès, Brechet, Bricheteau, Carquet, Créqui, Delens, Druet, Fomart, Gibert, Hubert, Husson, Jacquemin, Kercaradec, Lapert, Leroux, Margue, Patissier, Rossen, Rougiès, Sabatier, Sanson, Martin-Solon, Texier.

Que diraient les premiers juges à la lecture de ce document, eux qui traitent l'action à distance de chimérique et en rangent l'annonce parmi les manœuvres frauduleuses les mieux caractérisées? Prendraient-ils cette réunion d'hommes graves et savants pour une assemblée de charlatans ou de dupes? Iraient-ils jusqu'à contester le témoignage de leurs sens? Et s'ils étaient forcés d'admettre leur sincérité d'abord, puis leur exactitude, comment pourraient-ils justifier leur propre opinion et l'usage qu'ils ont cru devoir faire de la loi pénale?

Ramenés à la vérité par une étude attentive de faits qu'ils n'ont pas compris, ils imiteraient sans doute l'exemple du célèbre docteur Georget, qui, à cette époque, se convertissait à la croyance du magnétisme. Ce retour était assez éclatant pour produire une sensation immense. Dans son *Traité sur la folie*, il avait écrit : « Tant » que les magnétiseurs feront leurs expériences dans » l'ombre avec des compères et des commères, tant » qu'ils n'opéreront pas leurs miracles au milieu de l'A- » cadémie des sciences ou de la Faculté de médecine, » ils nous permettront de ne pas prendre la peine de » réfuter leurs rêveries. » Cette amère critique n'empêcha pas le praticien d'observer, et quand il eut bien vu, la conscience fut la plus forte ; il reprit la plume, et dans son ouvrage de la *Physiologie du système nerveux*, il consacra un chapitre entier à l'exposition des phénomènes du somnambulisme. Il y affirme avoir été constamment témoin de la lucidité des somnambules en ce qui touche leurs maladies, la prévision de leurs crises, la description des organes affectés, la sensation des souffrances éprouvées par les personnes avec lesquelles on les mettait en rapport. Il dit les avoir, suivant sa volonté, frappés d'une paralysie artificielle. Enfin il présente dans leur ensemble et leurs détails, en citant des faits à l'appui, les effets les plus surprenants du magnétisme. Malheureusement, la mort vint l'emporter au milieu de ces travaux si pleins d'intérêt pour la science. Comme s'il eût prévu cette fin prématurée, il avait, peu de temps avant le coup qui le frappa, consigné dans un acte solennel les hautes considérations auxquelles son intelligence s'était élevée quand la vérité magnétique y avait répandu sa vive lumière.

Voici un passage de son testament :

« Je ne terminerai pas cette pièce sans y joindre une » déclaration importante. En 1821, dans mon ouvrage » sur la *Physiologie du système nerveux*, j'ai hautement

» professé le matérialisme ; l'année précédente, j'avais » publié un *Traité sur la folie*, dans lequel sont émis des » principes contraires, ou du moins sont exposées des » idées en rapport avec les croyances généralement re- » çues, et à peine avais-je mis au jour la *Physiologie du* » *système nerveux* que de nouvelles méditations sur un » phénomène bien extraordinaire, le somnambulisme, » ne me permirent plus de douter de l'existence en nous » et hors de nous d'un principe intelligent tout à fait dif- » férent des existences matérielles. Ce sera, si l'on veut, » l'âme et Dieu. Il y a chez moi une conviction profonde, » fondée sur des faits que je crois incontestables. Cette » déclaration ne verra le jour que lorsqu'on ne pourra » plus douter de ma sincérité et suspecter mes intentions. » Si je ne puis la publier moi-même, je prie instamment » les personnes qui en prendraient connaissance à l'ou- » verture du présent testament de lui donner toute la » publicité possible. »

Quoi de plus touchant et de plus instructif à la fois que cette protestation sortie de la tombe ? Son auteur y rend un éclatant hommage à la plus sublime des vérités. La science avait obscurci sa raison ; à force d'étudier, de décomposer, de diviser la matière, il avait perdu de vue le divin ouvrier des mains puissantes duquel elle s'est échappée. Mais voici que les merveilles du magnétisme qu'il avait d'abord contestées et raillées, qu'il est bien contraint de reconnaître et de proclamer après les avoir expérimentées, dessillent ses yeux, et, nouveau Saul, frappé par ce trait de lumière, il tombe prosterné devant l'Être-Suprême dont il avait nié l'existence ! Quel homme de bien oserait, en présence de cette loyale confession de la science vaincue par l'évidence, couvrir de ses sarcasmes un principe qui opère de si rares miracles! Ah! quels que soient les persécutions, les condamnations, les jugements d'hommes ignorants ou prévenus, on peut se consoler en suivant les nobles traces des Puységur et des Georget! Le magnétisme, bienfaiteur de l'humanité souffrante, vainqueur du matérialisme incrédule, peut défier bien des colères et supporter avec résignation bien des injustices!

Nous dépasserions les bornes de ce travail si nous voulions citer tous les écrits émanés de savants considérables et dans lesquels sont exposées les vérités du magnétisme. Nous avons hâte d'arriver à ce qui doit surtout frapper nos juges, nous voulons parler de l'opinion formulée par une commission spéciale nommée par l'Académie de médecine pour examiner et résoudre la question. Cette nomination eut lieu à la fin de 1825, à la sollicitation de M. le docteur Foissac, vivement impressionné par un grand nombre de faits et de cures magnétiques dont il avait été le témoin. Sur la proposition de M. Double, la commission dut décider dans un premier rapport s'il convenait que l'Académie s'occupât du magnétisme animal. Composée de MM. Adelon, Burdin aîné, Marc, Pariset et Husson, elle fit, par l'organe de ce dernier, un rapport à la date du 13 décembre 1825.

Après avoir indiqué les raisons philosophiques qui doivent déterminer l'Académie à ne point considérer comme irréfragable le jugement prononcé en 1784, l'illustre rapporteur énumère les différences capitales qui séparent la pratique du mesmérisme à cette époque de celles du magnétisme actuel. Il analyse les écrits, les opinions des médecins et des savants qui ont contribué au progrès de la science nouvelle; il rend compte des résultats prodigieux et bienfaisants qu'on lui attribue ; il compare le scepticisme railleur, l'obstination à rejeter tout examen qui caractérise les académies françaises, avec les recherches, les études, les heureuses innovations de l'Allemagne, de la Hollande, de la Suède, de la Russie, puis il conclut en ces termes :

« En se résumant, la commission pense :

» 1° Que le jugement porté en 1784 par les commis-
» saires chargés par le roi d'examiner le magnétisme
» animal, ne doit, en aucune manière, vous dispenser de
» l'examiner de nouveau, parce que dans les sciences, un
» jugement quelconque n'est point une chose absolue,
» irrévocable;

» 2° Parce que les expériences d'après lesquelles ce
» jugement a été porté, paraissent avoir été faites sans
» ensemble, sans le concours simultané et nécessaire de
» tous les commissaires, et avec des dispositions mo-
» rales qui devaient, d'après les principes du fait qu'ils
» étaient chargés d'examiner, les faire complétement
» échouer;

» 3° Que le magnétisme jugé ainsi en 1784, diffère
» entièrement par la théorie, les procédés et les résul-
» tats de celui que des observateurs exacts, probes, at-
» tentifs, que des médecins éclairés, laborieux, opiniâ-
» tres, ont étudié dans ces dernières années ;

» 4° Qu'il est de l'honneur de la médecine française
» de ne pas rester en arrière des médecins allemands
» dans l'étude des phénomènes que les partisans éclai-
» rés et impartiaux du magnétisme annoncent être pro
» duits par ce nouvel agent ;

» 5° Qu'en considérant le magnétisme comme un re-
» mède secret, il est du devoir de l'Académie de l'étu-

» dier, de l'expérimenter, afin d'en enlever l'usage et la
» pratique aux gens tout à fait étrangers à l'art, qui
» abusent de ce moyen et en font un objet de lucre et
» de spéculation.

» D'après toutes ces considérations, votre commission
» est d'avis que la section doit adopter la proposition de
» M. de Foissac, et charger une commission spéciale de
» s'occuper de l'étude et de l'examen du magnétisme
» animal. »

A la suite d'une discussion longue et passionnée, l'Académie, dans sa séance du 28 février 1826, nomma une nouvelle commission chargée de faire un examen définitif. Elle fut composée de MM. Bourdois de la Mothe, Double, Magendie, Guersant, Laënnec, Thillaye, Marc, Itard, Fouquier et Guéneau de-Mussy.

Cette commission, le croirait-on? rencontra pour les expériences auxquelles elle devait se livrer, des difficultés de toute nature de la part de ceux qui auraient dû lui montrer le plus de déférence. Ainsi elle avait commencé quelques essais dans les hôpitaux; on avait devant elle produit des effets surprenants, obtenu des cures inespérées, le conseil général des hospices s'en émut, et loin d'encourager ces travaux si intéressants pour l'humanité, entourés d'ailleurs de si imposantes garanties, il ferma tout simplement la porte au nez de la commission de l'Académie de médecine, par l'incroyable lettre qui suit et qui mérite de prendre sa place dans l'histoire de la routine opiniâtre et malfaisante :

A M. le docteur Bourdois de la Mothe, président de la commission du magnétisme.

Paris, 10 décembre 1827.

« Monsieur,

» Le conseil général des hospices a entendu dans sa
» dernière séance la lecture de la lettre que vous lui avez
» adressée sous la date du 3 de ce mois, relativement
» aux expériences commencées à l'hôpital de la Charité,
» sur le magnétisme.

» Le conseil a pesé tous les motifs présentés dans vo-
» tre lettre ; cependant il ne peut consentir à ce qu'il soit
» fait dans les établissements confiés à sa surveillance
» des expériences *sur un traitement qui donne lieu de-*
» *puis longtemps à des débats entre les hommes les plus*
» *instruits.*

» En me chargeant, Monsieur, de vous faire connaî-
» tre cette décision, le conseil m'a invité à vous témoi-
» gner tout le regret qu'il éprouve de ne pouvoir, dans
» cette circonstance, *seconder les intentions des médecins*
» *éclairés* qui composent la commission que vous présidez.

» J'ai l'honneur d'être, etc.

» VALDRUCHE. »

Il faut lire une pareille pièce pour y croire, pour imaginer les aberrations fatales auxquelles peut conduire une aveugle prévention ! Comment ! des praticiens consommés dans leur art sont chargés par le corps savant le plus élevé d'expérimenter un traitement ; leur présence seule donne la certitude que les essais auront lieu avec toute la prudence désirable ; il s'agit d'appliquer une médication dont on dit des merveilles, qui, perfectionnée par la science et le génie, peut devenir pour l'espèce humaine un immense bienfait, et sans égard pour le caractère, l'autorité, la mission officielle de ces expérimentateurs éminents, vous les chassez! Ils sont entrés dans l'asile de la douleur avec des trésors ignorés; et parce que ces trésors vous sont inconnus, vous les rejetez! Vous aimez mieux faire périr les malades dans les règles que de les sauver par une innovation! Vous imaginez ce singulier prétexte pour demeurer dans l'ornière et conserver le bandeau qui couvre vos yeux, que *le traitement donne lieu depuis longtemps à des débats entre les hommes les plus instruits*. Et parce que ce traitement est appuyé par les uns, attaqué par les autres, vous trouvez logique d'en proscrire l'expérimentation! O pharisiens de la science et de la philanthropie, l'endurcissement de votre esprit sera toujours le même! Vous vous considérez comme l'expression de la suprême sagesse, vous prétendez tout immobiliser autour de vous, et vous ne prenez pas garde que tout change et se modifie; que cette science médicale, d'où vous croyez bannir un traitement incertain, n'est elle-même qu'un assemblage de conjectures; qu'elle ne procède que par expériences et tâtonnements; que les systèmes les plus opposés ont été tour-à-tour suivis, abandonnés et repris, souvent aux dépens de la vie de ceux qui les subissaient; que chaque jour dans vos hopitaux où vous ne voulez pas souffrir une imposition des mains, suivant vous insignifiante, et par conséquent peu nuisible, vous laissez essayer l'emploi des substances les plus dangereuses! Vous critiquez le magnétisme comme une jonglerie, qu'auriez-vous à répondre si, pénétrant dans les mystères de la pratique, nous dressions la liste funèbre des erreurs de la faculté, si nous montrions combien d'existences ont été sacrifiées à l'exagération de telle ou telle doctrine? Et que serait-ce, grand Dieu ! si nous ajoutions à cette nomenclature les victimes de l'ignorance patentée par des brevets en forme ?

Rien n'est assurément plus triste que le spectacle de ce fol entêtement résistant avec orgueil à la vérification de faits que des hommes graves demandent à étudier. Les commissaires de l'Académie durent accepter ce joug d'une autorité prévenue. Ils durent interrompre leurs expériences commencées dans les hôpitaux et les continuer avec les médecins connus pour s'être occupés de magnétisme. Ils consacrèrent beaucoup de temps à ces investigations, ils les varièrent, les comparèrent, et purent, en 1831, rédiger un rapport, dont cette fois encore, le savant M. Husson fut le rédacteur.

Nous vou[illegible]ons pouvoir transcrire dans son entier ce document d'une capitale importance. Seul, en effet, il suffirait à trancher la question en litige dans le procès qui nous occupe, puisqu'il établit d'une manière péremptoire la réalité des phénomènes que les premiers juges ont déclarés imaginaires. Et comme les premiers juges ont prononcé sans avoir rien vu, sans même avoir consenti à entendre les témoins qui auraient attesté ce qu'ils ont nié; et que d'autre part les commissaires de 1831, tous savants dignes de foi, n'ont fait que résumer de longues et minutieuses expériences sur des phénomènes semblables, on comprend toute l'autorité qui s'attache à leur travail, et comment les vérités qui en ressortent ruinent de fond en comble la base de la sentence que nous attaquons. Forcés de nous borner, persuadés d'ailleurs que la Cour, si elle éprouvait u doute, voudrait recourir à la lecture originale de cet pièce décisive, nous nous contenterons d'en présenter l'analyse et les conclusions :

Les commissaires, sachant très-bien qu'ils ne manqueraient pas d'être attaqués avec une implacable passion, établissent par de longs détails que le mode d'expérience choisi par eux exclut toute possibilité de surprise ou d'erreur. « La commission, dit le rapporteur, a mis à remplir
» tous ses devoirs l'exactitude la plus scrupuleuse, et si elle
» rend justice à ceux qui l'ont aidée de leur bienveillante
» coopération, elle doit détruire les plus légers doutes qui
» pourraient s'élever dans vos esprits sur la part plus ou
» moins grande qu'elle aurait prise dans l'examen de la
» question. C'est elle qui a toujours conçu les différents
» modes d'expérimentation, qui en a tracé les plans, qui
» en a constamment dirigé le cours, qui en a suivi et
» écrit la marche. Enfin, se servant d'auxiliaires plus ou
» moins zélés, elle a toujours été présente et toujours elle
» a imprimé sa direction propre à tout ce qui a été fait. »

Le rapporteur passe ensuite à l'énumération des faits observés, en ayant soin de ranger dans trois divisions séparées les effets nuls, les effets peu marqués, les effets dus à la monotonie ou à l'imagination, et réservant pour une quatrième les effets produits probablement par le magnétisme seul. Il dit à ce propos : « Si l'imagination a suffi
» pour produire des phénomènes qu'avec peu d'attention
» on aurait pu attribuer au magnétisme, nous nous em-
» pressons de déclarer qu'il est plusieurs cas, et aussi ri-
» goureusement observés, dans lesquels il nous eût été
» difficile de ne pas admettre le magnétisme comme cause
» de ces phénomènes : nous les plaçons dans notre qua-
» trième classe. »

Suit l'exemple d'un jeune enfant de vingt-huit mois, et d'un sourd-muet de dix-huit ans, tous deux épileptiques, tous deux magnétisés avec succès, le dernier guéri ; ces deux sujets tout-à-fait insensibles à l'imagination. M. Itard lui-même, l'un des commissaires, soumis à l'action magnétique, en ressentit des effets décrits par le rapporteur, qui ajoute avec un grand sens : « Ce n'est point sur des » hommes de notre âge, et comme nous, toujours en garde » contre les erreurs de notre esprit et de nos sens, que » l'imagination telle que nous l'envisageons ici a de prise. » Elle est à cette époque de la vie éclairée par la raison » et dégagée des prestiges qui séduisent si facilement la » jeunesse ; elle se tient en éveil, et la défiance plutôt que » la confiance, préside aux diverses opérations de notre » esprit. »

Le rapporteur raconte avec détails les expériences accomplies sur M. Petit, instituteur à Athis, auquel le magnétisme faisait, par sa seule volonté, exécuter tous les mouvements que la commission avait elle-même indiqués dans une note rédigée au moment même. M. Petit a donné de plus la preuve qu'il lisait les yeux hermétiquement fermés, ce que tous les commissaires ont successivement constaté. L'expérience de l'insensibilité et de l'action à distance a été faite sur mademoiselle Samson, déjà soumise en 1826 à un examen brusquement interrompu par la Faculté. M. Jules Cloquet a confirmé ce fait imposant par l'exemple d'une dame Plantin, âgée de soixante-quatre ans, à laquelle il a pratiqué la longue et cruelle opération de l'ablation d'un cancer au sein, sans qu'elle ressentît la moindre douleur, endormie qu'elle avait été par les soins de M. le docteur Chapelain, son magnétiseur.

Après l'indication de ces faits, le rapporteur continue en ces termes : « Ici la sphère paraît s'agrandir. Il ne » s'agit plus de satisfaire une simple curiosité, de cher- » cher à s'assurer s'il existe un signe qui puisse faire » prononcer que le somnambulisme est réel ou simulé, si » un somnambule peut lire les yeux fermés, se livrer » pendant son sommeil à des combinaisons, à des jeux » plus ou moins compliqués ; questions curieuses, inté- » ressantes, dont la solution, la dernière surtout, est, » comme spectacle, un phénomène très-extraordinaire, » mais qui, en véritable intérêt, et surtout en espérance » sur le parti qu'en peut tirer la médecine, sont infini- » ment au-dessous de celles dont la commission va vous » donner connaissance.

» Il n'est personne parmi vous, Messieurs, qui dans » tout ce qu'on a pu lui citer du magnétisme, n'ait en- » tendu parler de cette faculté qu'ont certains somnam- » bules, non-seulement de déterminer le genre de mala- » dies dont ils sont affectés, la durée, l'issue de ces » maladies, mais encore le genre, la durée et l'issue des » maladies des personnes avec lesquelles on les met en » rapport. Les trois observations suivantes présentent des » exemples fort remarquables de cette intuition, de cette » prévision ; vous y trouverez, en même temps, la réunion » de divers phénomènes qui n'ont pas été observés chez » les autres magnétisés. »

Après ces réflexions, le rapporteur rend compte de la position d'un étudiant en droit, âgé de vingt-deux ans, qui, paralytique depuis dix-huit mois, soumis aux traitements les plus actifs et les plus variés, et jugé incurable, fut magnétisé, devint somnambule, indiqua les phases et les incidents de son mal avec une rare lucidité, se prescrivit à lui-même les remèdes et se guérit complétement. Le rapporteur résume ainsi les développements donnés à ce cas remarquable.

« Les conclusions à tirer de cette longue et curieuse
» observation sont faciles; elles découlent naturellement
» de la simple exposition des faits que nous avons rap-
» portés et nous les établirons de la manière suivante :
» 1° Un malade qu'une médecine rationnelle, faite par un
» des praticiens les plus distingués de la capitale, n'a pu
» guérir de la paralysie, trouve sa guérison dans l'emploi
» du magnétisme et dans l'exactitude avec laquelle on
» suit le traitement qu'il se prescrit à lui-même quand il
» est en somnambulisme; 2° dans cet état, ses forces sont
» notablement augmentées; 3° il nous donne la preuve la
» plus irrécusable qu'il lit les yeux fermés; 4° enfin il
» prévoit l'époque de la guérison, et cette guérison ar-
» rive.

» L'observation suivante nous montrera cette prévision
» encore plus développée chez un homme du peuple tout-
» à-fait ignorant, et qui, à coup sûr, n'avait jamais en-
» tendu parler du magnétisme. »

Il s'agit, en effet, d'un ouvrier chapelier, épileptique depuis dix ans, qui, magnétisé et somnambule, annonce avec une précision mathématique l'époque et la durée des différentes crises qu'il doit éprouver. Du reste, son insensibilité est constatée, le magnétisme produit sur son organisation des effets inespérés, et voici comment le rapporteur résume ce qui lui est relatif :

« Nous voyons dans cette observation un jeune homme
» sujet depuis dix ans à des attaques d'épilepsie, pour
» lesquelles il a été successivement traité à l'hôpital des
» Enfants, à Saint-Louis, et exempté du service militaire.

» Le magnétisme agit sur lui, quoiqu'il ignore complétement ce qu'on lui fait ; il devient somnambule ; les symptômes de sa maladie s'améliorent. Les accès diminuent de fréquence, les maux de tête, l'oppression disparaissent sous l'influence du magnétisme ; il se prescrit un traitement approprié à la nature de son mal et dont il se promet la guérison.

» Magnétisé à son insu et de loin, il tombe en somnambulisme et en est retiré avec la même promptitude que lorsqu'il était magnétisé de près ; enfin, il indique avec une rare précision, un et deux mois à l'avance, le jour et l'heure où il doit avoir un accès d'épilepsie.

» Nous venons de vous offrir, continue le rapporteur, dans les deux observations précédentes, deux exemples très-remarquables de l'intuition, de cette faculté développée dans le somnambulisme et en vertu de laquelle deux individus magnétisés voyaient la maladie dont ils étaient atteints, indiquaient le traitement par lequel on devait la combattre, en annonçaient le terme, en prévoyaient les attaques. Le fait dont nous allons vous présenter l'analyse nous a offert un nouveau genre d'intérêt : ici le magnétisé, plongé dans le somnambulisme, juge la maladie des personnes avec lesquelles il se met en rapport, il en détermine la nature et en indique le remède. »

Suit le détail circonstancié, minutieux, de huit expériences successives, faites pendant le cours d'une année sur une demoiselle Cœline. Au lieu d'analyser ces expériences, nous nous contentons d'en transcrire le résumé tel qu'il est tracé par le rapporteur :

« Il résulte de ces observations : 1° que dans l'état de » somnambulisme, mademoiselle Cœline a indiqué les

» maladies de trois personnes avec lesquelles on l'a mise en
» rapport ; 2° que la déclaration de l'une, l'examen qu'on
» a fait de l'autre, après trois ponctions, et l'autopsie de
» la troisième, se sont trouvés d'accord avec ce que cette
» somnambule avait annoncé ; 3° que les divers traite-
» ments qu'elle a prescrits ne sortent pas du cercle des
» remèdes qu'elle pouvait connaître, ni de l'ordre de
» choses qu'elle pouvait raisonnablement recommander
» et qu'elle les a appliqués avec une sorte de discerne-
» ment. »

Nous avons extrait ces quelques pages des curieux Mémoires de Jules Favre. Le procès-verbal de l'Académie de Milan termine la lutte entre le magnétisme et la science. Si, comme je l'espère, l'Académie des sciences de Paris m'accorde la faveur de son attention, la médecine et la science magnétique, se tenant la main en sœur, monteront au capitole de l'avenir où les appelle leur destinée à jamais glorieuse !!!

Fin.

TABLE DES MATIÈRES.

www.ingramcontent.com/pod-product-compliance
Lightning Source LLC
Chambersburg PA
CBHW070755290326
41931CB00011BA/2030
9782012750029